四特 教育系列丛书 SITEJIAOYUXILIECONGSHU

智能提高有办法

萧枫　姜忠喆◎主编

特约主编：　庄文中　　龚　玲

主　　编：　萧　枫　　姜忠喆

编　　委：　孟迎红　　郑晶华　　李　菁　　王晶晶　　金　燕

刘立伟　　李大宇　　赵志艳　　王　冲

王锦华　　王淑萍　　朱丽娟　　刘　爽

陈元慧　　王　平　　张丽红　　张　锐

侯秋燕　　齐淑华　　韩俊范　　冯健男

张顺利　　吴　姗　　穆洪泽

左玉河　　李书源　　李长胜　　温　超

范淑清　　任　伟　　张寄忠　　高亚南

王钱理　　李　彤

"四特"教育系列丛书

吉林出版集团有限责任公司

图书在版编目（CIP）数据

　　智能提高有办法／《"四特"教育系列丛书》编委
会编著 . － －长春：吉林出版集团有限责任公司，2012.4
　　（"四特"教育系列丛书／庄文中等主编 . 爱学习
, 爱科学）

　　ISBN 978-7-5463-8694-2

　　Ⅰ. ①智 … Ⅱ. ①四 … Ⅲ. ①中小学生－学习方法
Ⅳ. ①G632.46

　　中国版本图书馆 CIP 数据核字（2012）第 044147 号

智能提高有办法

出 版 人	孙建军
责任编辑	孟迎红　蔡宏浩
责任校对	赵　霞
开　　本	690mm × 960mm 1/16
字　　数	250 千字
印　　张	13
版　　次	2012 年 4 月第 1 版
印　　次	2018 年 2 月第 1 版第 2 次印刷
出　　版	吉林出版集团有限责任公司
发　　行	吉林音像出版社
	吉林北方卡通漫画有限责任公司
地　　址	长春市泰来街 1825 号
	邮　编：130062
电　　话	总编办：0431-86012906
	发行科：0431-86012770
印　　刷	北京龙跃印务有限公司

ISBN 978-7-5463-8694-2　　　　　　　定价：39.80 元

版权所有 侵权必究　举报电话：0431-86012892

前　言

学校教育是个人一生中所受教育最重要组成部分,个人在学校里接受计划性的指导,系统地学习文化知识、社会规范、道德准则和价值观念。学校教育从某种意义上讲,决定着个人社会化的水平和性质,是个体社会化的重要基地。知识经济时代要求社会尊师重教,学校教育越来越受重视,在社会中起到举足轻重的作用。

"四特教育系列丛书"以"特定对象、特别对待、特殊方法、特例分析"为宗旨,立足学校教育与管理,理论结合实践,集多位教育界专家、学者以及一线校长、老师们的教育成果与经验于一体,围绕困扰学校、领导、教师、学生的教育难题,集思广益,多方借鉴,力求全面彻底解决。

本辑为"四特教育系列丛书"之《爱学习,爱科学》。

古今中外,许多成功人士都重视和强调学习方法的重要性。伟大的生物学家达尔文就曾说过:"一切知识中最有价值的是关于方法的知识。"著名的大科学家爱因斯坦的成功方程式则是"成功 = 艰苦的劳动 + 正确的方法 + 少说空话"。这也是爱因斯坦对其一生治学和科学探索的总结。我们不难看出正确的方法在成功诸因素中具有多么重要的位置。联合国教科文组织教育发展委员会在《学会生存》一书中指出:"未来的文盲不再是不识字的人,而是没有学会怎样学习的人。"也就是说,未来的文盲不是"知识盲",而是"方法盲"。所以,在教学中对学生进行正确学习方法教育极其重要性。本书包括提高智力的方法以及各种学习方法和各科学习方法等内容,具有很强的系统性、实用性、实践性和指导性。但要说明的是:"学习有法,但无定法,贵在得法"。教师在教学中要注意因材施教,注意学生的个体差异,进而施以不同的方法教育,这样才能让学生掌握最适合自己的学习方法和学习的金钥匙,从而终身享用。

科学是人类进步的第一推动力,而科学知识的普及则是实现这一推动的必由之路。在新的时代,社会的进步、科技的发展、人们生活水平的不断提高,为我们青少年的科普教育提供了新的契机。抓住这个契机,大力普及科学知识,传播科学精神,提高青少年的科学素质,是我们全社会的重要课题。科学教育,是提高青少年素质的重要因素,是现代教育的核心,这不仅能使青少年获得生活和未来所需的知识与技能,更重要的是能使青少年获得科学思想、科学精神、科学态度及科学方法的熏陶和培养。

本辑共20分册,具体内容如下:

1.《智能提高有办法》

智能提高可能性,与遗传基因和后天因素息息相关。遗传因素我们无法改变,能够改变的就是尽量利用后天因素。本书针对学生如何提高学习智能进行了系统而深入的分析和探讨,并给予了切实的指导,对中小学生颇有启发意义,具有很强的系统性、实用性、实践性和指导性。

2.《高效学习有办法》

高效学习法是一种富教于乐的教育方式和高效学习训练系统。它从阅读、记忆、速

·1·

算、书写这四个方面入手,提高孩子的"速商"让孩子读的快,学的快,算的快,记的快,迅速提高学习成绩。本书针对学生如何提高学习效率进行了系统而深入的分析和探讨,并给予了切实的指导,对中小学生颇有启发意义,具有很强的系统性、实用性、实践性和指导性。

3.《提高记忆有办法》

人的大脑机能几乎都以记忆力为基础,只有记忆力好,学习、想象、创意、审美等能力才能顺利发展。那么如何才能记得更多、记得更牢、更有效地提高记忆力呢?本书帮助你找到提高记忆力的秘密,将记忆能力提升到顶点。本书针对学生如何提高记忆力进行了系统而深入的分析和探讨,并给予了切实的指导,对中小学生颇有启发意义,具有很强的系统性、实用性、实践性和指导性。

4.《阅读训练有办法》

本书以语境语感训练为主要教学法,以日常生活中必读的各种文体、范文讲解及阅读材料的补充为内容,从快速阅读入手,帮助学习者提高汉语阅读水平。学生在学习的过程,根据实际情况选用适应的学习方法,定能收到事半功倍的效果。

5.《轻松作文有办法》

写作是汉语的重要组成部分,在汉语中有举足轻重的地位。人们抒发感情需要写作,总结经验教训需要写作,记叙事件需要写作……总之,无论学习、工作、生活都离不开写作。本书针对学生如何提高写作能力进行了系统而深入的分析和探讨,并给予了切实的指导,对中小学生颇有启发意义,具有很强的系统性、实用性、实践性和指导性。

6.《课堂学习有办法》

课堂听课是学生在校学习的基本形式,学生在校学习的大部分时间是在听课中度过的。听课之所以重要,是因为大部分知识都得通过听老师的讲课来获取。要想学习好,首先必须学会听课。本书针对学生如何提高课堂学习能力进行了系统而深入的分析和探讨,并给予了切实的指导,对中小学生颇有启发意义,具有很强的系统性、实用性、实践性和指导性。

7.《自主学习有办法》

自主学习是与传统的接受学习相对应的一种现代化学习方式。以学生作为学习的主体,通过学生独立的分析、探索、实践、质疑、创造等方法来实现学习目标。本书针对学生如何提高自主学习能力进行了系统而深入的分析和探讨,并给予了切实的指导,对中小学生颇有启发意义,具有很强的系统性、实用性、实践性和指导性。

8.《应对考试有办法》

考试主要有两种目的:一是检测考试者对某方面知识或技能的掌握程度;二是检验考试者是否已经具备获得某种资格的基本能力。如何有效的准备考试,可分成考试前、考试中、考试后三个部分做说明。本书针对学生如何应对考试进行了系统而深入的分析和探讨,并给予了切实的指导,对中小学生颇有启发意义,具有很强的系统性、实用性、实践性和指导性。

9.《文科学习有办法》

综合文科的学习旨在帮助学生学会学习,学会分析研究人与自然、人与社会、人与自身关系中的现实问题,学会探讨解决问题的方法等,帮助学生树立终身学习的观念。在这个过程中不断培养学生的实践能力、创新意识和创造力。本书针对学生如何提高文科学习能力进行了系统而深入的分析和探讨,并给予了切实的指导,对中小学生颇有启发意义,具有很强的系统性、实用性、实践性和指导性。

10.《理科学习有办法》

理科学习要形成良好的学习习惯和有效的学习方法。总的来说,科学的学习方法可用如下此歌谣来概括:课前要预习,听课易入脑。温故才知新,歧义见分晓。自学新内容,要把重点找。问题列出来,听课有目标。听课要专心,努力排干扰。扼要做笔记,动脑多思考。课后须复习,回忆第一条。看书要深思,消化细咀嚼。本书针对学生如何提高理科学习能力进行了系统而深入的分析和探讨,并给予了切实的指导,对中小学生颇有启发意义,具有很强的系统性、实用性、实践性和指导性。

11.《组织阅读科学故事》

在我们生活的各个角落,疑问几乎无处不在,而这些疑问往往能激发孩子们珍贵的求知欲,它能引领孩子们正确的认识和了解世界,并进一步地探知世界的奥秘,是早期教育最为关键的环节。为了让孩子们更好的把握时代的脉搏,做知识的文人,我们特此编写了这本书,该书真正迎合了青少年的心理,内容涵盖广泛,情节生动鲜活,无形中破解孩子们心中的疑团,并且本书生动有趣,是青少年最佳的课外读物。

12.《培养科学幻想思维》

幻想思维是指与某种愿望相结合并且指向未来的一种想象,由于幻想在人们的创造活动中起着重要作用,在发明创造活动中应鼓励人们对事物进行各种各样的幻想.幻想思维可以使人们的思想开阔、思维奔放,因此它在创造中的作用是显而易见的。本书针对学校如何培养学生的幻想思维进行了系统而深入的分析和探讨,并给予了切实的指导,对中小学生颇有启发意义,具有很强的系统性、实用性、实践性和指导性。

13.《培养科学兴趣爱好》

怎样让学生对科学产生兴趣? 这是很多老师都想得到的答案。想学好科学,兴趣很关键。其实,生活中的许多小细节都蕴涵着丰富的科学知识,大家完全可以因地制宜,为学生创造个好的环境,尽量给学生提供不同的机会接触各种活动。本书针对学校如何培养学生的科学兴趣爱好进行了系统而深入的分析和探讨,并给予了切实的指导,对中小学生颇有启发意义,具有很强的系统性、实用性、实践性和指导性。

14.《培养学习发明创造》

发明创造是科学技术繁荣昌盛的标志和民族进取精神的体现。有学者预言,二十一世纪将是一个创造的世纪,而迎接这个创造世纪的主人,正是我们那些在校学习的孩子们。因此对青少年进行发明创造教育,就显得极其重要了。心理学家研究表明,青少年的好奇心正是他们探索世界,改造世界,产生创造欲望的心理基础。通过开展青少年发明创造活动,鼓励青少年去发现新问题,提出新设想,实现新目标,这是培养他们的创新精神,提高他们的创造力的最好途径。

15.《培养科学发现能力》

阿基米德在洗澡时发现了阿基米德定律,牛顿看到苹果落地,最终得出了牛顿第一运动定律。在科学史上,这样的事例还有很多,它证明科学并不神秘,真理并不遥远,只要我们能见微知著,善于发问,并不断探索,那么,当你解答了若干个问题之后,就能发现真理。本书针对学校如何培养学生的科学发现能力进行了系统而深入的分析和探讨,并给予了切实的指导,对中小学生颇有启发意义,具有很强的系统性、实用性、实践性和指导性。

16.《组织实验制作发明》

科学并不神秘,更没有什么决定科学力量的"魔法石",科学的本质在于好奇心和造福人类的理想驱使下的探索和创新。自然喜欢保守她的奥秘,往往不直接回应我们的追问,但只要善于思考、勤于动手、大胆假设、小心求证,每个人都能像科学大师一样——用永无止境的探索创新来开创人类的文明。本书针对学校如何组织学生实验制作发明进行了系统而深入的分析和探讨,并给予了切实的指导,对中小学生颇有启发意义,具有很强的系统性、实用性、实践性和指导性。

17.《组织参观科普场馆》

本书集中介绍了全国多家专题性科普场馆。这些场馆涉及天文、地质、地震、农业、生物、造船、汽车、交通、邮政、电信、风电、环保、公安、银行、纺织服饰、中医药等多个行业和学科领域。本书再现了科普场馆的精彩场景;科普场馆的基本概况、精彩展项、地理位置、开放时间、联系方式等多板块、多角度信息,全面展示了科普场馆的风采,吸引读者走进科普场馆一探究竟。本书是一本科普读物,更是一本参观游览的实用指南。通过本书的介绍能让更多的观众走进科普场馆。

18.《组织探索科学奥秘》

作为智慧生物的人类自诞生之日起就开始了漫长的探索进程,人类的发展史就是一部探索科学、利用科学史。镭的发现,为人类探索原子世界的奥秘打开了大门。万有引力的发现,使人们对天体的运动不在感到神秘。进化论的提出,让人类知道了自身的来历……探索让人类了解生命的起源秘密,探索让人类掌握战胜自然的能力,探索让人类不断进步,探索让人类完善自己。尽管宇宙无垠、奥秘无穷,但作为地球的主宰者,却从未停下探索的步伐。因为人类明白:科学无终点,探索无穷期。

19.《组织体验科技生活》

科技总是不断在进步着,并且改变着我们的生活,让我们的生活变得更加多彩。学校科学技术普及的目的是使广大青年学生了解科学技术的发展,掌握必要的知识、技能,培养他们对科学技术的兴趣和爱好,增强他们的创新精神和实践能力,引导他们树立科学思想、科学态度,帮助他们逐步形成科学的世界观和方法论。本书针对学校如何组织学生体验科技生活进行了系统而深入的分析和探讨,并给予了切实的指导,对中小学生颇有启发意义,具有很强的系统性、实用性、实践性和指导性。

20.《组织科技教学创新》

现在大家提倡素质教育,科学素质是素质教育的重要组成部分,学生科学素质培养的核心是培养学生的创新精神和创新能力,创新能力的培养、开发应从幼儿开始,在长期的教学、训练过程中逐步形成和发展。小学科技教学,在培养学生创新精神和创新能力中,起着举足轻重的作用。帮助学生树立新的观念,主动地、富有兴趣地学习新的科学知识,去观察、探索、实验现实生活乃至自然界的问题,在课内外展开研究性的教学活动等,是行之有效的。但是,科技活动辅导任重而道远,这就要求科技课教师不断探索辅导方法,不断提高辅导水平,为全面推进素质教育,实施科教兴国战略奠定坚实的人才和知识基础。

由于时间、经验的关系,本书在编写等方面,必定存在不足和错误之处,衷心希望各界读者、一线教师及教育界人士批评指正。

编者

目　录

第一章

学生提高学习智能理论指导

1. 智能学习的主要特点

多元智能理论是一种"内在建构性"的学习观，在对教学本质及特点的理解上，多元智能理论与建构主义的学习理论有相同之处，即都特别强调每个人都是以自己的方式来理解知识和建构自己对事物的认识的。因此，多元智能理论在教学中特别关注学习者个体智能的差异对教学的意义。

在加德纳看来，按照多元智能理论，智能既可以是教学的内容，又可以是教学内容沟通的手段或媒体，这个特点对于教学是很重要的。在他的系列著作中，他强调学校教育的改革必须重视"学生个体的差异"。多元智能理论对学习和教学理解的新视角，决定了多元智能教学的如下特点：

教学过程的生成性

多元智能理论将教学过程界定为一种生成性的过程。加德纳没有直接论述教学过程的这种生成性，但在他的著作《受过训练的智能》一书中提出，在多元智能理论的基础上要建立理解的课堂教学。而这种理解的课堂教学就是"重在理解的建构主义者的课堂教学"。

借用建构主义的观点，我们可以将教学过程的生成性理解为两个方面：其一，建构主义认为知识是主体与环境相互作用的结果，这种知识的构建以同化和顺应两种方式进行。其二，建构主义强调学习的主动性、社会性和情境性。在加德纳的著作中，他倡导和建议学校教育应注意吸收两种非学校模式"师徒模式"及"博物馆"的社会场景化学习过程和社会场景化学习环境的有效成份，在教学评估中，他主张进行与学习过程相一致的情景化评估。

教学目标的全面性

多元智能理论主张教学目标的全面性。加德纳的观点是学校教育的宗旨应该是开发多种智能并帮助学生发现适合其智能特点的职业和业余爱好。

他认为学校教育的目标并不只是培养学生的智能或基本学科内容和技巧，而是学生必须对待定的学习主题有深入的理解，有进一步独立思考和解决问题的能力。

多元智能是达到好的教育的助手，多元智能理论不仅在帮助学生的学习上有特别的功用，而且在帮助学生达到某种有价值的成人角色状态方面也有特别的功用。

总之，在加德纳看来．多元智能的教学目标是利用个别差异的心理表征的不同方式。以多元智能为教学上的"多元切入点"，为所有的学生都提供发展的多元途径，实现真正的理解，并使教学与学生的现实及将来的生活真正相联。

学生角色的主动性

多元智能的教学强调教学过程中学生角色的主动性。学生角色的主动性可以从两方面来加以解释：其一，教学过程的师生关系是一种主体间的关系。

加德纳在提出多元智能的学校是以"个人为中心"的学校时，就首先强调了尊重学生的重要性。以"学习者为中心"是多元智能教学的根本倡导，这种"中心"强调了教师对学生主体角色的认同。

其二，教学过程是学生主动积极的一种实践活动。加德纳在教学中强调学生的参与，他提倡为学生准备范围更广的可供选择的课程。学生的自主选择，在多元智能的教学中与建构主义的观点一样，被看为是学习和教学中"建构"过程的开始。

在教学评估中，加德纳更是重视儿童自我评估的重要性。他认为学生通过对自己的评量分析，会产生对自己学习的反思，从而能对自己的学习和发展具有更自觉的责任。

2. 学生智能学习的现实意义

智能的本质

加德纳在《智力的结构》一书中指出智能的本质是"在一定的社会文化背景下，个体用以解决自己面临的真正难题和生产及创造出社会所需要的有效产品的能力"。

经历十几年的潜心研究与思考之后，在 1999 年出版的《智能的重组：21 世纪的多元智能》一书中，加德纳将智能的定义修改为"在一种文化环境中个体处理信息的生理和心理潜能，这种潜能可以被文化环境激活以解决实际问题和创造该文化所珍视的产品"。

智能新定义不仅是词语上发生了变化。新定义强调了智能的社会文化特性并将智能看作是一种生理和心理潜能。这种潜能在特定文化环境和教育下可能被激活，付诸实践继而创造该文化所珍视的产品。

智能理论的产生背景

（1）新的国际形势带给教育的机遇和挑战

20 世纪 80 年代以来，世界政治多极化、经济全球化、文化多元化趋势初露端倪，国与国之间的经济竞争越来越演化为科技和人才的竞争。

同时，世界经济由衰退走向复苏和繁荣，给教育重新注入了生机和活力，也向教育提出了新的挑战和要求。提高教育质量，为国家培养高水平人才的迫切要求被提出，并成为推动教育改革的最直接的和深层次的动力。

（2）人们对传统智力测验的质疑与批判

1905 年，法国心理学家比奈，首创智力测验，将智力量化。从此智力测验的观念深入人心，人们习惯于用智商来衡量一个人智力的高低，进而判断其成就的大小。

然而，传统的智力观和成绩测验严重地影响了学生的全面发展和教育质量的提高。整个 70 年代心理学界和教育界开始了反思。传统的智力观不适应人的全面发展是多元智能理论产生的根本原因。

（3）生物学研究提供了大量证据

神经心理学、脑科学领域的研究已经为我们提供了大量有力的证据，证明大脑中各种智能的存在。这些证据构成了对多元智能理论强有力的理论支持。

（4）美国教育追求民主化等社会文化

这种社会文化宣扬让所有的儿童都有平等的入学机会，为每个儿童提供使其天赋得以充分发挥的机会，使他们都有平等的成功机会。

（5）加德纳本人的经历

他在博士学习阶段接触到神经学研究，并为之着迷，开始努力去弄清楚大脑中人类各种能力的组织结构。同时，他是哈佛大学教育学院"零点项目"的主持人之一，该项目小组在心理学、教育学、艺术教育等方面取得了丰硕研究成果。1979 年，哈佛大学教育学院进行"人类潜能研究"项目，多元智能的研究项目由此而来。

多元智能的理论特色

多元智能的核心不论是理论上还是实践上来说，都在于尊重人的个性差异。每个人都是独特的智能个体，在教育教学过程中，强调尊重学生的智能特征并创设条件发展学生的个性智能。

多元智能教学给予学生充分选择适合自己智能学习风格路径的权力。多元智能理论对传统智能理论的挑战及其主要的理论贡献，在以

下几个方面：

（1）强调智能的多元化

多元智能理论认为，人的智能是多元的，而不是单一的。就主要方面来看，人类有七种主要的智能，即语言智能、数学逻辑智能、音乐智能、身体运动智能、空间智能、人际关系智能和自我认识智能，每一项智能仍可以再细分。

人类的认知本领需利用一组能力、才能或心理技能来描述，而个体智能的差异在于拥有技能的程度和组合的不同。个体所具备的智能只有优势之别，并无优劣之分。七种智能都处于相同的地位，没有主次之分。但长期以来，传统的观点则将语言与数学逻辑智能放在核心位置，这显然是不正确的。

智能多元承认许多不同的、相互独立的认知能力，承认不同的人具有不同的认知能力和认知方式。学校教育的宗旨应该是开发多种智能并帮助学生发现适合其智能特点的职业和业余爱好。并且认为，从这种学校教育中走出的学生在事业上将会更投入、更富有竞争力。

笔者在运用多元智能理论指导语文课课堂改革时，首先要求所教班级的学生对自己的强势智力进行自我评价，结果发现有几乎一半以上的学生无法评价自己的强势智力；有百分之八十的学生对自我智力的评价仅限于数理智力和语言智力；有部分学习成绩差的学生认为自己智力低下；有些在文艺、体育、绘画等方面有特长的学生并不认为这是自己的强势智慧。而多元智能理论内容的重大意义在于让教师和学生都认识到智能的丰富多彩。

（2）提出了智能的文化性

多元智能理论认为，智能是在特定的文化背景或社会中解决问题或制造产品的能力。智能总是与一定的文化背景相联系的，脱离一定的文化背景，就不能正确地理解智能所具有的情景性。

多元智能理论一方面强调生物本能，另一方面也强调生物本能必须与文化教育结合起来。以语言为例，语言是人类共同拥有的技能，但在一种文化中可能以写作的方式出现，在另一种文化中可能以演讲的形式出现，在第三种文化里说不定就是颠倒字母的文字游戏。

因此，智能必须在一定的文化背景下进行评价才具有现实意义。这一点与传统的智能理论具有明显的区别。传统的智能理论认为，智能是每个人与生俱来的属性或能力，智能可以运用统计方法，从测试分数中推断出来，而与个体的文化经历没有关系。

（3）揭示了智能的发展轨迹

多元智能理论认为，每一种智能的发展都来源于原生的模仿能力。比如，音乐智能中分辨音高的能力，空间智能中辨认三维空间的能力等。在以后的发展过程中，智能通过符号系统来表现，比如语言智能通过句子和故事表达，音乐智能通过唱歌这一阶段，儿童对各种符号系统的掌握情况，反映出其各种智能的潜力。

随着智能的发展，每种智能及其符号系统都将由第二级的符号系统即数学公式、地图、字母、乐谱等来代表。第二符号系统是个体在接受正规教育时学会的。到了成人阶段，智能则通过对理想职业和业余爱好的追求来表现的。多元智能理论反对过早确定儿童的发展方向。由于智能在不同的发展阶段具有不同的表现方式，因而在智能的评估与开发过程中，就需要以不同的方式进行。

多元智能理论的认识要点

（1）每个人的多元智能都以独特、复杂的方式共同地发挥作用。一些人看起来在所有智能方面或大部分的智能方面处于高水平，如歌德，既是诗人、政治家、哲学家，又是科学家、自然观察家。

但是，大部分人只在某个特定领域展现创意，如钱钟书虽然具有极高的语言天赋和才能，但在逻辑－数学方面却几乎一窍不通。多数

人在一两种智能上有出色的表现，其余智能处于中间水平。教育要关注这种差异性。

（2）只要大脑没有受伤，如果有机会接触利于培养某种智能的环境和条件，几乎每个人都能在这一智能的发展上取得显著效果。所以要创建一个开放的教育系统，通过开发多种类型的智能，尽可能地发掘每一个人的潜在能力。当每个人都有机会挖掘自身潜能时，他们必将在认知、情绪甚至生理等各方面展现出前所未有的积极变化。

（3）多元智能理论不涉及个性、品格、意志、道德、动机等心理学构造，并与任何道德规范或价值观无关。每种智能都可以用于行善或作恶。比如，希特勒和甘地都有高超的语言和人际智能，但他们应用其智能的方式却有天壤之别。

（4）智能类型是开放的。加德纳谨慎地指出，人类智能不应局限于这几种类型。他相信，相对于先前的一元智力理论，多元智能理论能够更准确地描绘人类能力的面貌。

理论指导下的学生评价方法

（1）多元化学生评价方法的核心思想

学生评价的主要目的是促进学生的全面发展和自我完善，具有重要的教育作用。但目前学生评价存在功能异化、内容片面、形式单一、评价结果解释不当等诸多弊端。造成这种现象的根本原因是评价方法的单一化。

教育界关于促进学生评价方法合理化的建议颇多，但始终没有一个可操作的具体模式。多元智能理论为找到一个较为完备的多元化学生评价方法提供了全新思路。多元智能理论认为"人具有语言、逻辑、空间、视觉、节奏、交际、自省共七种相对独立又同等重要的智能"。

该理论承认"个体智能受环境、教育条件的影响和制约"，因此

适用于学校教育情境下教师对学生的评价。多元智能理论的核心思想"各种智能是多维度、相对独立地表现出来，而不是以整合的方式表现出来的"，为量化评价方法提供了可能性。

（2）多元化学生评价的量化考核

学生评价的一个终极难题是找到一种既能客观评价学生特点又易于横向比较的量化标准。以下是基于多元智能理论框架设计的一种量化考核评价方法，暂时称为"多元评价方法"。

我们可以看到：在这种评价方法中，评价主体是老师，评价客体是学生，评价对象是学生在课程中应体现的各方面能力。根据多元智能的理论研究，各种智能是多维度、独立体现的。当老师对某个学生进行了评价时，先将其各方面能力分别评价，再在相应轴线上做出标记，最后将所有标记依次连接起来。

由于每个人在不同的智能方面有不同表现，所以几乎没有学生会得到结论和别人一样的评价结果。这个评价结果又能满足学生之间横向比较的需要，程控原点封闭部分的面积越大表示学生综合能力越强。

这种多元化的学生评价方法，不仅改变了学生评价的表述形式，更重要的是理顺评价目的、规范评价内容，甚至是控制整个评价过程，使得学生的智能得到合理而不死板的评价和分析。

理论基础上的建设性思考

（1）创设有利于多元智能发展的教学情景

适宜的环境可以促进脑的发展和人的学习，不良的环境则会损伤人们的脑并阻碍学习。

在《多媒体技术应用教程》中尽量创建适宜的教学情景。在这样的情景中，学生可以分小组利用几台作为实验用的多媒体计算机进行多媒体计算机的部件识别与整机的组装、测试，这样不仅可以强化学习内容，也可以发展学生的身体运动智力和人际关系智力等。

学生可以利用多媒体计算机进行图片处理、绘画、多媒体作品创作等，使其空间智力、音乐智力等多种智能得以发展；学生还可利用网上交流工具，比如 BBS、聊天室、E－mail 等，创设协作学习情境，对学生高级认知能力的发展、合作精神的培养和良好人际关系的形成也会有明显的促进作用。创设适宜的学习环境，使学习过程真正成为学生积极建构知识和掌握技能的过程，而不再是单纯的记忆和模仿。

（2）为多元智能发展提供丰富的教学资源

多元智能理论指出，人的智力发展需要有关这一智力领域的媒介或材料辅助。即多元智能的发展需要丰富、适当的学习资源作为学生智力发展的外部条件。

在《多媒体技术应用教程》这门课中，关于硬件方面的知识，应尽量提供实物进行教学，如讲解扫描仪系统的组成及其工作原理时，可提供扫描仪实物及其图片、文字说明等。另外，由于这门课程会涉及到让学生动手去学、去做，这样可以尽量为学生提供带有网络通讯及其各种应用软件的学习环境。

多媒体信息系统的超文本特性与网络技术的完美结合，正好为学生多元智能的发展营造最理想的环境。众所周知，Internet 是世界上最大的知识库、资源库，它拥有海量的网络信息资源，具有信息的开放性、资源的丰富性、呈现方式的多样性、过程的交互性等特点，其信息的组织与管理均采用超文本链接技术，以网状的结构非线性地组织和管理学习内容。

借助 Internet 提供的各类搜索引擎，我们可以迅速地检索到所需要的各种学习资料。网络技术一方面可以帮助教师选择和设计学习资源，根据学生的不同智力特征提供适应性的学习内容，将多元智能与学科课程教学进行有机整合，实现因材施教；另一方面也为学生运用其优势智能发展弱势智能，开展个性化学习提供资源和便利。

（3）针对学生的智能特点设计教学活动

《多媒体技术应用教程》是实践性较强的一门课程，同时也需要掌握一定的理论基础知识。这样的一门课程，可以充分展示学生的各种智能，而且在教学过程中，教师也可以充分地认识和了解学生的学习特点和学习需求。

教师在教学过程中，可以运用多媒体技术，向学生展示多元化的教学信息，激发学生的优势潜能；创设各种让学生感到兴趣盎然的视听活动，充分调动学生的学习积极性，使学生成为学习的主人，并促进学生多种智能的组合，使学生可以利用各自的智力特点进行有效的学习。

（4）为学生多元智能发展提供各种有效的评价手段

加德纳将评估定义为"为获得个体技能和潜力等信息的过程"。这种评估过程可以达到两个目的：一个目的是为学生提供有效的反馈；另一个目的则是为除学生以外的其他人提供有用的资料。

加德纳认为，评估应是自然学习环境中的一部分，而不是在一学年学习结束时强制"外加"的内容。评估应该是在个体参与学习的情景中简单、自然、轻松地进行。在终结性评估中，可以采取统一考试的形式。

最终的评价应综合考虑情境化评估、阶段性评估和终结性评估，最后得出一个对所有学生都合理的评价结果，并将学生在学习该课程中的档案资料返还于学生，让学生充分认识到自己的智能情况，了解自己的优势智能和弱势智能，去努力实现自己富有个性特色的发展。

多元智能理论的影响

（1）多元智能理论一经提出便引起强烈社会反响，受到教育界的普遍好评，并成为众多国家教育改革运动的重要理论基础之一，比如我国的新课程改革。

（2）多元智能理论被广泛应用于教育教学实践。仅在美国就有上百所"多元智能学校"或"加德纳学校"。这些应用多元智能理论的学校也报告了激动人心的结果。

比如，学生学习成绩提高了，学习困难学生有了更积极的表现等。在我国以此理论为指导思想的教育实践活动也已在北京、上海等一些大城市轰轰烈烈地开展起来。

（3）相关理论研究成果显著。在过去的二十几年中，多元智能持续被众多学术著作、论文、教科书、网站等载体提及。在我国教育图书市场上贯以"多元智能（力）"字样的书籍可谓汗牛充栋，仅翻译作品或诠释性作品就不下几十部。

多元智能理论的评价

（1）积极评价

多元智能理论顺应时代要求，对传统的智力理论提出了挑战，冲破了当时传统单一的智力模式；它为学生发展提供了更为人道的评估体系，为进一步认识和发挥每个学生的潜在能力提供了一个崭新的、有力的理论依据。

同时，它为学校提供了更为有效的教学策略，如多元智能理论与课程整合，建立多元智能学习中心等；它利于营造一种激活个人潜能的文化环境，如创造一个视觉化的学习环境、适当改变座位安排，以激活学生空间智能。

（2）消极评价

一些心理学家认为多元智能理论缺乏有力的科学依据、充分的实证研究；有些学者认为加德纳混淆了才能、能力和智能等概念，对创造力、批判性思维、记忆没有进行解释。

同时，它与某些智力理论在本质上极为相似而不具创新；对其未来的发展提出质疑，包括多元智能理论从人类到其他物种甚至人工智

能领域的推广、多元智能理论当前及未来的理论价值、研究方向等；应用多元智能理论于实践易产生忽视基础知识教学、智力开发表面化、评价难以操作等问题。

3. 新世纪多元智能的教育意义

二十一世纪是"以高新技术为核心的知识经济将占主导地位"的世纪，它需要什么样素质的人才呢？简而言之，它需要的是具有创新精神和实践能力的人才。

注重创新精神和实践能力的培养

从理论上说创新就是根据一定目的，运用一切已知信息，产生出某种新颖、独特、有社会或个人价值的成果的心理品质。新颖性和独特性是创新的品格。多元智能理论从科学上证明世界上没有两个相同的人，强烈要求教育突破工业时代培养"标准件"的教育模式。

加德纳追求的现代学校是"以个人为中心"的学校，他不是在提倡"个人中心主义"，而是"向一元化的思维挑战"，希望学校能够学会开发适应不同智能结构的有效的课程方案，最大限度地为每个学生的个性发展创造机会，具有创新品格。

实践能力就是发现问题、分析问题和解决问题的能力。多元智能理论的核心理念是新型智能观，它指出智能是"在实际生活中解决所面临的实际问题的能力"，"提出并解决新问题的能力"，"对自己所属文化提供有价值的创造和服务的能力"。尤为可贵的是，特别强调了这种智能观的社会实践性，明确地说："在特定社会中，个人如何运用他的智能，是一个必须面对的严肃而重要的道德课题"。

显然，这种智能观突破了传统智力理论，多将智力视为人的抽象

思维的局限，将智能与社会实践能力相融。应当着重指出的是，多元智能理论还为如何培养学生的实践能力提供了重要的思路和方法，那就是突出了"问题解决"的教育功能。使我们培养学生创新精神与实践能力的目标，不只仅仅是一个教育理想，而能成为有科学依据的教育行为。

要面向全体学生

素质教育要求学校教育面向全体学生，这既体现了教育公平的原则，也是全面推行义务教育的要求。"多元智能"理论主张，评价一个学生应该从多元的角度，发现学生的智能所长，通过适当的教育强化他的长处，促进各种智能协调发展，达到提高学生整体素质的目的。

"多元智能"的创始人加德纳有一句名言："每个孩子都是一个潜在的天才儿童，只是经常表现为不同的形式。"这就沟通了人才教育与大众教育，对开发我们这个人口大国的人力资源，无疑有着重要的意义，而且十分切合知识经济时代对人才的普遍要求。

多元智能理论十分肯定地指出，它公开反对"精英主义"，认为"人才"绝不仅指少数的精英，"能够成功地解决复杂问题的人"都是人才。今天，我们国家的教育要从精英化走向大众化，非常有必要学习和借鉴像"多元智能"这样的现代教育理论和实践。

深化对"全面发展"的理解

我们所说的全面发展，即指德、智、体、美、劳这五项教育内容的全面发展，它是近两百年前欧洲在创立近代教育制度时提出来的。这五个方面的教育内容，对学生未来的生存和发展都是极为重要的，不应有所偏废。

多元智能理论从脑科学和人类学的角度指出，凡是一个正常的人，都是具有多种智能结合而成的有机体。多元智能理论还揭示了全面开发学生各种智能的必要性，因为"一种智力便打开了一种可能性，各

种智力的结合便造成了多种可能性。"

素质教育的脑科学理论基础

众所周知，脑是我们的思维器官，人类的智力素质与大脑的发展和成熟有着密切的关系。近年来，我国政府根据素质教育实施的需要，多次强调要重视开发人脑功能，大力倡导全面开发人的潜能，全面提高人的素质。

小智力的多元论认为，智力包含相互独立又相互联系的多种智力，如言语智力、逻辑－数学智力、视觉－空间智力、音乐智力、身体运动智力、人际智力以及自我反省智力，等等。同时，还包括"脑科学、认知科学对儿童教育实践的启示"，"重视儿童脑发育关键期"、"脑的可塑性和教育"、"对知识融会贯通的能力"以及"创新能力"等内容。

我们处在一个知识爆炸的时代，既不能幻想所借鉴的理论必须是处在成熟期的，也不能拒绝生成中的新型理论。对待多元智能理论也是一样，我们需要有借鉴的智慧，更要有在教育实践中进行探索的勇气和志气。

4. 教学中智能学习的意义

以智愚来品鉴人类能力的观念自古有之，采用科学方法评定智力高低的历史，迄今也有一百多年，*1905* 年比奈与西蒙受法国政府之委托而编制出的比西量表，是世界上的第一个智力测验，其目的在预测可能会有学习困难的学生。

随后，智力测验被世界各国广泛地使用，智商也逐渐成为家喻户晓的度量人们智能高下之重要标准。虽然，这种传统的智力测验满足了人们行事上的便利，但也由于理论与测量方法的偏失而潜在地制造出更严重的问题。

传统的智力测验通常仅将智力的范围局限在语文与逻辑方面，并假定个体特质能被单一的、标准的、可量化的数据所描述，如此的"IQ 式思维"，不仅使得人们近乎被"洗脑"地忽略智能的多元发展，造成许多具有其它方面之天赋与才能的学生受到了贬抑与忽视。

同时也合理化了制式的教育方式，采用单一的课程、教法，以及"标准化"测验来对待所有学生，而轻忽了个别差异的重要性。1983 年，哈佛大学心理学家 HowardGardner 的"心智架构"一书，打破传统智力的偏颇论调，提出了"多元智能理论"，为人类的心灵教化开启了尘封已久的窗，拓展了更宽广的发展方向，也为教育提供了重要的意涵。本文以下分别探讨多元智能理论的内涵、要点及其在教育上的涵义。

多元智能理论的内涵

如上所述，传统智力观认为智能只是一种单一的逻辑推理或语文能力（换言之，除了逻辑与语文能力之外，其它的能力都是没有价值的），如此的智力观点虽然可以准确地说明学生在学成绩的高低，但却难以解释大部分学生毕业后的专业成就与杰出表现。

Gardner 亦质疑此种智力观点的适当性，认为智力必须与实际生活相关联，而非透过"将一个人放在一种非自然的学习环境中，让他做从未做过，而且将来可能不会再做的事情"的方式来决定，基于这样的理念，以及相关研究的综合结果，Gardner 重新定义智力的概念，他认为智力应是"在某一特定文化情境或社群中，所展现出的解决问题或制作生产的能力"。

同时，他进一步指出人类智能至少有八种，兹摘述如下：

（1）语文智能

指口语及书写文字的运用能力，它包括了对语言文字之意义（语意能力）、规则（语法能力），以及声音、节奏、音调、诗韵（音韵学能力）、不同功能（语言的实用能力）的敏感性。

（2）音乐智能

指察觉、辨别、改变和表达音乐的能力，它允许人们对声音的意义加以创造、沟通与理解，主要包括了对节奏、音调或旋律、音色的敏感性。

（3）逻辑－数学智能

指运用数字和推理的能力，它涉及了对抽象关系的使用与了解，其核心成份包括了觉察逻辑或数字之样式的能力，以及进行广泛的推理，或巧妙地处理抽象分析的能力。

（4）空间智能

指对视觉性或空间性的讯息之知觉能力，以及把所知觉到的加以表现出来的能力。其核心成份包括了精确知觉物体或形状的能力，对知觉到的物体或形状进行操作或在心中进行空间旋转的能力，在脑中形成心像以及转换心像的能力，对图像艺术所感受的视觉与空间之张力、平衡与组成等关系的敏感性。

（5）肢体－运作智能

指运用身体来表达想法与感觉，以及运用双手生产或改造事物的能力，其核心成份包括了巧妙地处理（包括粗略与精致的身体动作）物体的能力，巧妙地使用不同的身体动作来运作或表达的能力，以及自身感受的、触觉的和由触觉引起的能力。

（6）人际智能

指辨识与了解他人的感觉、信念与意向的能力，其核心成份包括了注意并区辨他人的心情、性情、动机与意向，并做出适当反应的能力。

（7）内省智能

指能对自我进行省察、区辨自我的感觉，并产生适当行动的能力，

此种智能也扮演着"智能中枢的角色",使得个体能知道自己的能力,并了解如何有效发挥这些能力。其核心成份为发展可靠的自我运作模式,以了解自己的欲求、目标、焦虑与优缺点,并借以引导自己的行为之能力。

(8) 自然观察智能

指对周遭环境的动物、植物、人工制品,及其它事物进行有效辨识及分类的能力。详而言之,自然观察智能不只包括了对动植物的辨识能力,也包括了从引擎声来辨识汽车,在科学实验室中辨识新奇样式,以及艺术风格与生活模式的察觉等能力。

多元智能理论的要点

多元智能理论的主要内涵已如上述,进一步分析该理论显示它具有多项要点,兹归纳并以智能本身的性质及人类智慧的发展等两个层面分述之。

(1) 就智能本身的性质而言

每一种智能代表着一种不同于其它智能的独特思考模式,然而它们却非独立运作的,而是同时并存、相互补充、统合运作的。例如,一位优秀的舞蹈家必须同时具备良好的音乐智能,以了解音乐的节奏与变化;良好的肢体－运作智能,以能够灵活而协调地完成身体的动作;良好的人际智能,以能透过身体动作来鼓舞或感动观众。

上述八种智能可加以归类成三类:一类是与对象有关的,包括逻辑－数学智能、空间智能、肢体－运作智能、自然观察智能,这些能力被个体所处环境的对象所控制与塑造;一类是免于对象的,包括语文智能与音乐智能,它们不受到物理世界的塑造,而是依据语言与音乐系统而决定的;另一类是与人有关的,包括人际与内省智能。

每一种智能都包含着多种智能,例如音乐智能包含了演奏、歌唱、写谱、指挥、批评与鉴赏等次类智能,所以一个人可能歌唱得不好却

很会作曲，不会演奏却善于批评与鉴赏。

Gardner 指出，多元智能论所包含的八种智能模式是暂时性的，除上述八项智能之外，仍可能有其它智能存在。事实上，原先 Gardner 只指出了七项智能，自然观察智能则是后来才被检视出来的，而 Gardner 也认为"存在智能"具有足够的资格堪称为 1/2 智能。

（2）就人类的智能发展而言

每一个正常人都具有上述的八种智能，但由于遗传与环境因素的差异，每个人在各种智能的发展程度上有所不同，而且也会以不同的方法来统合或揉合这七种智能。

每种智能有其独特的发展顺序，而在人生的不同时期中开始生长与成熟。例如，音乐智能是最早被发展的智能。

这些智能非固定与静态的实体，它们能被强化与扩大。而文化则是影响智能发展的重要因素，每个文化或社会对不同形式的智能有不同的评价，使得个体在各种智能的发展上有不同的动机，也使得某一社会的人群在某些智能上会有高度的发展。

人类在所有智能中都有创造的可能，然而大部份的人都只能对某些特定领域进行创造，换言之，大部份的人都只能在一二种智能上表现出优越的能力。例如，爱因斯坦是数学与自然科学方面的天才，然而他在音乐、肢体运作与人际方面却未有同样的表现。

多元智能理论的教育内涵

如前所述，多元智能理论使我们破除了「IQ 式思维」，跳脱传统心理学所框架出的界限，使我们能深入了解人类智能的本质，为教育理论与实务提供重要的启思与方向。兹述多元智能理论的教育涵义如下：

（1）教育应致力于智能的整体发展

传统教育独断地将焦点放在语文与逻辑—数学能力的培养上，并

且只重视与这两种能力有关的学科，致使学生在其它领域的智能难以获得充分发展。

Gardner 的多元智能理论则指出人们至少具有八种智能，每种智能都具有同等的重要性，而且是彼此互补的，仅具有语文与逻辑—数学智能并不足以应未来生活与工作所面临的挑战，因此教育工作应致力于八种智能的整体发展。

（2）教育是高度个别化的工作

它必须配合每位学生所具有的独特智能之组型：不同的学生具有不同的心智组型，并且会以不同的方法来学习、表征与回忆知识，因此不应以相同的方法、相同的教材来教育所有的学生，有效的教师应配合学生的不同需要而使用各种不同的方法来进行教学。

（3）鼓励学生建立学习目标和方案

教师应尊重学生对自己认知风格的认识，并给予机会去管理自己的学习，并鼓励学生负责任地计划并监控自己的学习工作，以帮助学生逐渐地了解自己的内在潜能与发展这些潜能的方法。换言之，教育应培养学生的内省智能，而非只是被动接受学习方案。

（4）教学设计至少应包括三种形式的课程

一是智能本身作为教学的主题，就是教学的目的是在开展学生的多元智能，这是"为多元智能而教"。二是智能作为一种获取知识的方法，每一种智能都可以用来学习某一领域的知识。

比如，使用身体动作来学习英文词汇，使用音乐来教导数学的概念等，这是"借用多元智能来教"。三是后设智能，就是目的在教导学生认识自己的多元智能，包括如何评估、如何强化，以及如何主动地使用多元智能于学习与生活之中，这是"关于多元智能的教学"。

总而言之，多元智能理论乃包含了整体化、个别化、自主化与多元化的教育意涵。基于这些意涵，如何营造一个适切的课堂环境，以

实际落实于教室之中，乃是一个重要的课题。

借鉴加德纳的多元智能理论，实施素质教育要以培养学生的创新精神和实践能力为重点。培养创新精神和实践能力的关键是要求学生具有创新思维，并能将新的理念付诸实践。

多元智能理论为培养创新精神和实践能力提供了重要的理论依据，即通过培养学生的多元智能使学生实现由善于解答问题向善于解决问题转变。

多元智能理论指出，每个学生都有自己的优势智能领域，学校里人人都是可育之才。我们应当关注的不是哪一个学生更聪明，而是一个学生在哪些方面更聪明。因此，我们的教育必须真正做到面向全体学生，努力发展每一个学生的优势智能，提升每一个学生的弱势智能，从而为每一个学生取得最终成功打好基础。

传统的教学观认为教学就是教师向学生传授知识的过程，就是教师按照预定的方案，用有限的时间，在规定的场合，按照一定的流程把书本知识单向传递给学生的过程。在课堂教学中教师和学生都失去了个性，教学也形成了固定的模式。多元智能理论则要求形成因内容而异和因人而异的"因材施教"的教学观。

多元智能理论认为，不同的智能领域都有自己独特的发展过程并使用不同的符号系统，因此，教师的教学方法和手段应根据不同的教学内容而有所变化。同时，同样的教学内容，又应该针对不同学生的智能特点进行教学，创造适合不同学生接受能力的教育方法和手段，并能够促进每个学生全面的多元的智能发展。

多元智能理论的教学指导意义

众所周知，我国的初中教育是九年义务教育的一个阶段，是小学教育基础之上的教育，是所有适龄儿童都必须接受的基础教育。它既要帮助少年期的学生健康成长，又要为他们接受高中阶段的教育做好

准备。因此，保质保量的普及初中教育，对提高国民文化水平和人口素质的重要性是不言而喻的。但是目前的初中教育还存在较多问题。主要有：

（1）初中生学习上的分化问题

初中生在学习上往往出现分化现象，即部分学生能够学习好初中的课程，部分学生出现学习困难。

出现分化的原因，主要有两个方面：一是课程的难度加大了。小学课程具有综合性，门类少，知识难度比较低的特点。而初中则以分科课程为其主要特点，门类增多，并且初中所学知识的系统性更强，特别是物理、化学、生物、历史、地理等学科，需要抽象思维的内容多了。这对于那些逻辑思维发展较弱、知识基础打得不牢的学生来说，学习就会出现理解上的困难。如果不能及时地解决，问题就会越积越多，成为学习困难生。

二是学生的生理和心理发生明显的变化。初中学生正处于快速成长与发育的时期，进入青春萌动期。初中学生如果不能正确处理好常规学习与变化着的身心之间的关系，其学习就会受到较大影响。

另外，初中学生往往感到自己长大了，可以独立自主了，因此他们不再像小学时那样依恋父母，甚至出现逆反心理，不听家长和老师的话，转而依靠朋友，这时如果他们接触具有不良行为和嗜好的"朋友"，对他们的学习和成长就会产生明显的负面影响。

（2）学生厌学问题和兴趣培养

由于上述所说的分化现象，使得部分学生在学习上出现厌学。尤其是在大班教学条件下，教师难以照顾到所有学生，造成学习有困难的学生学习成绩不断下滑，学习上的问题越积越多，使他们渐渐就失去了对学习的兴趣。因此，如何激发初中生的学习兴趣，克服厌学，是初中教育的一个重要课题。

（3）学生的分流与选择

初中生完成九年义务教育，将面临升学和就业两个出路。无论升学还是就业，都需要选择。都要做出明确的抉择。初中毕业生的选择，是其心理发展的结果。在小学时，他们对未来的发展只有朦胧的幻想。

经过初中阶段的学习，通过众多媒体的介绍、家长的影响，学生本人的兴趣、特长也在发展，他们不仅开始重视对未来发展的设计，而且对未来的选择也较为清晰和现实了。那么，他们如何选择就更容易成功？这是需要在理论上和实践上研究的问题。多元智能理论所分析的智能结构，为学生的选择提供了某种理论上的依据。

（4）初中学校的发展问题

影响初中学校发展的原因，有宏观方面的，即教育投入不足、办学条件差、师资力量弱、教育体制不顺、整体教育质量不高等。

多元智能理论的教学策略与研究

当前，我国教育改革正在以素质教育为理念，以课程改革为抓手全面地推进。在新的形势下，我们看待初中教育的问题、目的和任务，会有许多新的视角和认识。

（1）培养目标进行了调整

新课程要改变过于注重知识传授的倾向，强调培养积极主动的学习态度，强调情感态度价值观的形成，从知识技能、过程方法、情感态度价值观三方面提高学生的素质。

初中教育是基础教育，是为学生的终身发展打基础的教育，需要在做人、学习、做事、合作等方面打好基础，需要培养新世纪所需要的基础性的素质。在这样的理念和背景下，我们看初中教育的问题，就不单纯是学习质量的问题，还有许多素质培养、习惯养成的问题，特别是在创新精神和实践能力方面，初中教育同样要承担重任。这些正是基础教育新课程改革要解决的问题。

（2）课程结构和内容发生了变化

课程改革强调学科课程与活动课程、分科与综合课程、必修与选修课程等方面的结合。注重课程结构的均衡性、综合性和选择性，开设综合课程，特别是设置了综合实践活动课程，为学生接触社会、培养能力创造了良好的条件。在课程内容上，体现现代性、基础性，使之与科技的发展、社会的生活、学生的兴趣和经验等方面结合。

（3）学习方式和教学方式的变革

改变课程实施过于强调接受性学习、死记硬背、机械训练的现状，倡导学生主动参与、乐于探究、勤于动手，培养学生搜集和处理信息的能力、获取新知识的能力、分析和解决问题的能力以及交流与合作的能力。鼓励学生采取自主、合作、探究的学习方式，鼓励学生的独立学习活动、信息搜集、社会调查、网络学习、小组讨论、结合实际学习等。

教学方式重视引导学生自主的、合作的、探究的学习，教师不只是传授知识，更重要的是引导学生学习，做学生学习的组织者、引导者、合作者、促进者和评价者等。教师应尊重学生的人格，关注个体差异，满足不同学生的学习需要，使每个学生都能得到充分发展。这些新的要求，对初中教育无疑带来新的挑战，使初中学校面临新的任务。

（4）对学生的评价发生变化

新课程强调评价不仅要关注学生的学业成绩，而且要发现和发展学生多方面的潜能，了解学生发展中的需求，帮助学生认识自我，建立自信，发展能力。

作为初中教育工作者，如何解决传统的老的问题，又迎接课程改革的新的挑战，真正担负起初中教育的使命和责任，完成培养社会主义事业的建设者和接班人的重任，是摆在面前的大课题。过去我们积

累了很多好的经验，但如何创新，与时俱进，肯定需要借助于新的思想、新的理论的支持。

而多元智能理论的引进和介绍，恰恰提供了这样一个积极的支持。多元智能理论和观念的先进性、新颖性对于解决初中学校面临的老问题、新挑战提供了理论资源，二者之间具有很好的对应性，这是初中学校选择借鉴多元智能理论的实践研究的原因。

新一轮课程改革的成败取决于学生学习方式、教师教学行为和学校教学管理制度能否发生质的飞跃。其中教学改革必然是课程改革的中心环节，需要符合课程改革要求的教学理念与教学策略的支持。

《基础教育课程改革纲要（试行）解读》一书的第四部分，集中论述了课程改革的"教学理念与策略"，其中专门撰写了《多元智能理论的教学意义》一节，将这一理论置于课程改革依据之一的重要地位。

目前，我国教育界借鉴加德纳的多元智能理论，广泛开展了开发学生多元潜能的研究，在研究过程中，重视总结我国已有的经验，特别是在坚持面向全体学生，全面提高学生素质方面的实践经验，努力从中开掘规律性的东西。

这是一件十分有意义的事，对深化教育改革，全面推进素质教育，对推动基础教育课程改革的健康发展必将产生积极的影响。我作为一线教师正在尝试运用多元智能理论指导自己的教育教学工作。大胆尝试，以人人皆可成才的理念，奉献聪明才智！

5. 课程开发中智能的作用

多元智能的理论概述

所谓"多元智能"，最初是由霍华德·加德纳及其助手经过多年的研究和观察提出来的。多元智能理论较系统地阐述，最初在《智力的结构：多元智能理论》一书中得以体现。该书是加德纳参与研究"人的潜能本质及其实现"（1979）课题的研究成果。

大凡一种理论的突破或创新，通常都确定突破的"切入口"或寻找"挑战的对象"。加德纳的挑战对象：一是当时具有影响深远的皮亚杰学说，即人的所有思维，都是为了达到科学思索的理想境界；二是当时盛行的"智商"流行的测验观，即认为人的智能，就是以语文（言语表达）和数学（逻辑思考）为依据，测试学生敏捷地解答任何问题的能力和程度，从而确定人的智能或智商的高低优劣之分。

该研究突破了传统智力理论所依据的两个基本假设：人类的认知是一元的；采用单一的、可量化的智能概念即可以对个体进行恰当的描述，提出多元智能理论把人类的智能分为八个方面：语言智能，逻辑数学智能，空间智能，身体－运动智能，音乐智能，人际关系智能，自然观察者智能和自我认识智能。

他把智能定义为：在特定的文化背景或社会中，解决问题或制造产品的能力；一个人的智能不能以他在学校环境中的表现为依据，而要看其解决实际问题的能力以及在自然合理环境下的创造力。

与传统的智力理论相比，该研究不仅揭示了一个更为宽泛的智能体系，而且提出了新颖实用的概念。它包括三个方面的能力：一是在实际生活中解决所面临的实际问题的能力，二是提出并解决新问题的能力，三是对自己所属文化提供有价值的创造和服务的能力。

这说明了人类认识和改造世界的方式是多元化的，我们人类至少存在着八种以上的思维方式；应当引起注意的是我们一定要认识到每一个学生都具备至少八项智能，只是一部分八项全能，而有一部分是某几项或某一项突出而其它项缺乏；就大多数人而言，他们居中；几项优异、几项稍差与几项次之。

事实上，大多数人可以使每项智能都达到很高的标准，问题在于有人认为自己天生不具备某项智能，从而造成不必要的影响。我们只要给予他们适当的鼓励、培养、训练和指导，他们一定能够达到自己最佳的发展方向。因此，该理论对学校课程开发提供了富有启发性的选择。

多元智能分类概述

（1）语言智能

有效运用口头语言和书面文字以表达自己想法和了解他人的能力。包括把语言的结构、发音、意思、修辞和实际使用加以结合，并运用自如的能力。这种求知的方式是透过书写、口语、阅读等各个语文层面的正式系统。

（2）逻辑数学智能

有效运用数字和推理的能力。包括能计算、分类、分等、概括、推论和假设检定的能力，及对逻辑方式和关系、陈述和主张、功能及其它相关抽象概念的敏感性。这种求知的方式是透过寻找和发现形态的历程、以及问题解决的历程。

（3）空间智能

能以三度空间来思考，准确的感觉视觉空间，并把内在的空间世界表现出来。包括对色彩、线条、形状、形式、空间和它们之间关系的敏感性，以及能重现、转变或修饰心像，随意操控对象的位置，产生或解读图形讯息的能力。这种求知的方式是透过对外在的观察与对内在的观察（运用心眼）来达成。

（4）身体运动智能

善于运用肢体来表达想法和感觉，运用身体的部分生产或改造事物。包括特殊的身体技巧，如弹性、速度、平衡、协调、敏捷，及自身感受的、触觉的和由触觉引起的能力。这种求知的方式是透过身体

移动和表现学习。

（5）音乐智能

能觉察、辨别、改变和表达音乐的能力。包括对音调、节奏、旋律或音质的敏感性，及歌唱、演奏、作曲、音乐创作等能力。这种求知的方式是透过倾听、声音、震动型态、节奏以及音色的形式。

（6）人际关系智能

觉察并区分他人情绪、动机、意向及感觉的能力，即察言观色、善解人意。包括对表情、声音和动作的敏感性，辨别不同人际关系的暗示，对暗示做出适当反应，以及与人有效交往的能力。这种求知的方式是透过人与人的关系、沟通、团队工作、合作学习、社会技巧等。

（7）自我认识智能

正确自我觉察的能力，即自知之明，并依此做出适当的行为，计划和引导自己的人生。包括了解自己的优缺点，认识自己的情绪、动机、兴趣和愿望，以及自尊、自省、自律、自主、达成自我实现的能力。这种求知的方式是透过内省、后设认知、自我反省以及对人生课题的思考。

（8）自然观察者智能

对生物的分辨观察能力，如动物、植物的演化；对自然景物敏锐的注意力，如云、矿物、石头的形成；以及对各种模型的辨认力，如古物、消费品的创作。这种求知的方式是透过和大自然的接触，包括欣赏和认识动植物、辨认物种的成员等。

对支持式课程开发的启发意义

（1）对智障学生的多元化认识

美国智力落后协会在 1992 年在其出版的《定义、分类及支持辅助系统工作手册》一书中认为智力落后是指"现有的功能水平存在实质性限制，其特征表现为智力功能显著低于平均水平，同时伴有下列两

种或两种以上相关限制：沟通、自我照顾、居家生活、社交技能、使用社区、自我指导、健康与安全、功能性学科能力、休闲娱乐和工作。"

从这种意义上讲，智障学生是指"现有的功能水平存在着实质性限制"的一种学生群体，其特征表现为：一是智力功能明显低于平均水平，二是同时伴有两种或两种以上的适应技能的限制。从上述定义出发，我们认为：长期以来，我国特殊教育界在评价智障学生智能过程中，大多数依据流行的智商测验和社会适应能力测试来对智障学生进行评估。

不可置疑，这种评估方式有其科学性的一面，但却忽略了智能的多元化构成。学校经常可以发现，有一些智障学生拥有着单一测试所不能评估出来的潜在能力，这一现象在国内外均有报导。加德纳多元智能理论能够让学校从发展角度来重新认识智障学生身上存在的潜能，进而改变一味地关注学生的障碍补偿。因此，多元智能理论对于特殊教育来说，可能会带来一次具有突破性的观念革命。

长宁初职学校在办学之初就提出了"每一个学生都是一块金子"的办学宗旨和"学校要发现并最大限度地挖掘每一个人的潜在能力"教育理念。他们侧重于学生发展和潜能开发。而加德纳的多元智能理论为我们学校在认识智障学生提供了一种新的思路：我们必须重新评估学生、审视学生和欣赏学生，为长宁初职教育理念的实践增加诸多启迪。这主要表现在：一是学校的课程开发要敢于建立在"以生为本"、"以校为本"的理念，二是学校的支持式课程要具有回归生活的走向，三是学校的支持式课程要具有独特的个性化。

（2）提高课程的整合功能

长宁初职学校的支持式课程是为了支持智障学生由学生生活有效地过渡到成人生活的职业技术教育的特教学校课程。其核心目标为

"发展潜能、人尽其才、自食其力、服务社会",包括"两大模式、四种形式"。

所谓"两大模式"是指显性课程和隐性课程,而"四种形式"是指通用基础课程、专业技术课程、岗位体验课程和环境作用课程。学校通过学科教学实施通用基础课程和专业技术课程,在课程实施过程中改变了学科的单一功能,注重学科整合功能的发挥。

比如,学校在编写教材的过程中,《实用语文》教材就选编了社会学科中的民防、行为礼仪等方面的知识和自然学科中的生物方面的知识,《实用数学》教材就选编了专业技术课程中的烹饪成本核算方面的知识……

再如,在烹饪教学中,传授烹饪的技术锻炼了学生的身体运动智能,通过刀工拼盘培养学生空间智能;同时,组织学生记诵工作分析表,讨论学习的重难点,则发展了学生的言语智能;组织学生上街买烹饪原料,则促进了学生的数学逻辑智能和自然观察者智能。

在小组学习的过程中,培养学生自我认识和人际交往的智能。在作为隐性课程的岗位体验和环境作用课程中,学生的各种智能发展在其间也都获得了一定程度的整合。在多元智能理论的影响下,支持式课程的开发正越来越多地关注学科教学功能的多元化和学科的整合,也将有效促进四种课程形式相互的整合和支持式课程结构的再创造。

支持式单元主题课程的实践探索

(1) 单元主题课程的由来和规划

如何开展科技教育和艺术教育一直困扰着长宁初职校的学校教师们。2001年10月底是上海市青少年科技节,这一问题又再一次地放到了学校工作的议程表上。

虽然,学校在支持式课程研究与开发的过程中已经注意到了这一点:在教材编写和运用的过程中,教师们都注重了学科的有效整合,

将科技教育和艺术教育无痕迹地融合到日常工作之中，但是受到目前支持式课程建构的"两大模式、四种形式"的限制，学校无法规模化地推进科技教育和艺术教育，比如科技节这样的活动。

鉴于以上的课程研究的现实，从"科技和艺术可以通过课程整合来促进智障学生智能发展的"和"单元主题课程对智障学生智能的多元化发展是具有实效的"这两点认识，学校在原有的课程结构的基础上提出了跨原有四种课程形式的"单元主题课程"。

这样，学校可以在一个特定教育阶段集中推进科技节或者教育行政部门部署的其它教育活动，并且还可以借这一"单元主题课程"进一步实施"无痕迹德育"。由此，学校以"科技和艺术"为主题，实施"单元主题课程"，举行了上海市长宁区初级职业技术学校第一届科技艺术节。

学校制定了科技艺术节的"单元主题课程"方案，确定了指导思想、教育目的，成立了领导小组，并且还制定了具体的课程计划。以下是科技艺术节具体的八个内容：

①组织计划，学校制定计划。各学科教师自行选择相应内容，设计并进行一次教学活动，要求活动能够有机地结合科技教育与艺术教育，并组织教师运用多元智能理论，组织教学并展示。

②宣传布置，各班完成一期"科技教育"板报宣传，营造科技教育的氛围，学习制作一块宣传版面。综合各班级宣传教育和环境布置的情况，评选科技艺术节黑板报优秀组织奖。

③教育介绍，经常利用早操后的时间进行科技小知识和五会教育。学校为学生讲述"龟兔赛跑"、"白头翁学艺"、"寒号鸟"等3则小故事，有学生自己找小故事向全校同学介绍，进行德育渗透。

④专家讲座，请科学家张葆为学生进行"航天科技和爱国责任"教育，请音乐家沈念慈为学生进行"民族音乐与环保责任"的讲座。

⑤探究学习，班主任指导学生寻找关于科技和艺术方面的小故事、铭言、新闻等（每位学生至少一则），以班级为单位组织学生自己输入电脑，编排成小报，不限篇幅，颁发学生校级章和优秀组织奖。

⑥知识竞赛，开展科技知识竞赛活动，要求各专业教师都将自己本专业的知识点教教导处，汇总编制一套竞赛题，学校选择适当试题要求全体学生掌握，各班先开展班级选拔赛，选出班级中最优秀的两名学生参加校级知识竞赛。

⑦艺术汇展，各班结合"五会教育"，排演一个与科技知识相关的节目，形式不限，学校组织文艺汇演，评选优秀节目。学生完成"水粉画"的系列美术作品在上海市工程技术大学展览。

⑧培育生物，学校新增加一个学生岗位，即"养鸟员"（两名），由他们负责学校小鸟的养护。各班级负责养一盆葱，并设立"生物角"，评选优秀学校"生物角"，可以种植物养动物，让教室充满生机。

（2）单元主题课程的组织管理

在单元主题课程组织管理中，学校在支持式课程结构和智能团队等方面进行研究和探讨。

首先，研究支持式课程结构，努力理清原有"两大模式、四种形式"和"单元主题课程"之间的关系。学校四种形式的课程是相互独立进行的，通用基础课程和专业技术课程的每门学科都列入课表，岗位体验课程和环境作用课程也贯穿整个学期，而"单元主题课程"既不列入课表，又具有明显的阶段性。

其次，教师需要注意把握实施"单元主题课程"过程中的两组关系。一方面，正确处理好课内教学和课外活动的关系。"单元主题课程"的实施渗透于课内，扩展于课外。在课内，主要是挖掘学科中有关"单元主题课程"的教育内容，在学科教学过程中积极渗透这些内

容；在课外，创造各种教育形式，调动学生对单元主题教育内容的兴趣，不断扩展和达到"单元主题课程"的教育目的。

以"科技、艺术"为主题的第一届科技艺术节，"单元主题课程"在课内，教师挖掘学科知识中的科技艺术成份，设计学科渗透科技、艺术的实施方案，在知识技能教学的同时进行科技、艺术教育；在课外，通过板报宣传、讲授故事、专家讲座、探究学习、知识竞赛、文艺汇演和培育生物等活动，激发自主探究意识和开展主题教育。

另一方面，正确处理好集体教育和个别教育的关系。"单元主题课程"可以是全校性的集体教育，也可以是个别教育。集体教育注重面向全体，调动全体学生参与"单元主题课程"的积极性；个别教育挖掘出个别班级或个别学生身上的潜在智能，使其获得发展。

以"科技、艺术"为主题的"单元主题课程"实施就体现了集体教育与个别教育相结合的思想：如讲授故事、板报宣传、专家讲座、知识竞赛。注重集体教育，在各种教育活动的过程中，学校教师可以从中发现学生的；而对个别形式的潜能挖掘上，则侧重于个别教育。

然后，实施"单元主题课程"要发挥智能团队合作作用。传统上，学校根据学科内容的不同划分学科小组或教研组。多元智能理论的实施是一项探索性的工作，涉及到八种智能的教育教学活动。而作为通过多元智能理论来实践的"单元主题课程"具有跨越学科和原有课程结构的特点，知识与技能的广度、深度都较之传统的课程大大增加，单凭单个教师的能力无法完成。

因此，有必要组织教师"智能团队"，即把各有所长的教师组织成一个团队，发挥每个人的强项和专长，互相进行取长补短。"智能团队"有助于具有不同特长的教师在参与"单元主题课程"的过程中展开合作。再有，各科教师设计实施科技、艺术的方案后，组成智能团队，思考科技、艺术知识教育如何渗透于学科教学中，共同讨论方案的具体实施和操作。

单元主题课程的两种形式

在支持式课程的"单元主题课程"实施过程中，学校主要运用以下两种课程方式：

（1）"智能教学菜单"课程

为把各种智能应用于科技艺术节这一"单元主题课程"之中，学校为每一项智能设计了相应的"智能教学菜单"，作为教师发展学生各项智能的部分教育教学选项。在科技艺术节的"单元主题课程"中，学校设计并由学生实践完成的"智能教学菜单"如下：

①语言智能菜单，向全体学生讲述故事，练习说话；通过书籍寻找与科技艺术有关的小故事；对不认识的字会通过查字典的方式自主学习；认真倾听同学讲的故事；体会到故事的真谛；模仿故事人物的言行；学生和教师交流自己的感想；学习用不同的角度思考问题；组织学生背诵古诗。

②逻辑数学智能菜单，学生根据一定的逻辑推理出人类发展繁衍史；学生通过计算机学习数学计算；组织学生背诵工作分析步骤。

③视觉－空间智能菜单，设立生物角并能有效的结合空间结构摆放布置；学生进行黑板报的排版；指导学生创作水粉画。

④身体运动智能菜单，组织学生创编各类节目；组织专业课技能竞赛；学生进行电脑文字输入；排演课本剧的节目；学生设计并亲手缝制演出服。

⑤音乐智能菜单，每天"音乐伴我中午"让学生欣赏不同风格的音乐；为同学进行"音乐与环保"的讲座；学生欣赏音乐并学会理解；学生手风琴、竖笛的训练；文艺汇演歌唱节目的创编。

⑥人际关系智能菜单，向同学老师请教讲故事的技巧；向全校学生主讲《人类与地球》相关的知识；能够与其他同学一起合作表演节

目；组织形式进行这智力竞赛；组织"为美化环境、为学校添绿尽绵薄之力"上街买报纸活动。

⑦自我认识智能菜单，自愿在公众场所讲故事可以克服自卑并展示自己；在科技小报的编排过程中学生充分认识到自己是有潜能的；组织学生听科学家的奋斗史并寻找自身差距。

⑧自然观察者智能菜单，观察生物角的小动物日常生活，鸟类、鱼、龟的生活习性；观察绿豆芽的发芽和生长的过程，写观察日记；学会关注身边的环境并提出改进的建议。

（2）"通过多元智能而教"的课程

在显性课程教学过程中，教师将多元智能作为教学工具，通过多种途径或者方式传授同一教学内容，使得每个智障学生都能够以适合自己智能特点的途径学习。这就是所谓的"通过多元智能而教"的课程。

单元主题课程的评价

"单元主题课程"开发的最终目的是为了促进学生智能的多元发展。因此，评价"单元主题课程"应从学生智能获得多元发展的角度进行。从这一指导思想出发，在坚持理解的原则下，学校努力做到：

（1）动态评价与静态评价相结合原则

对于学生智能的多元发展，学校应以一种动态和静态相结合的眼光看待。只要学生相对于他已有的基础获得了发展，那就应该表示肯定，表示鼓励。

（2）量化评价与质性评价相结合原则

对于学生智能的多元发展，学校应注重量化评价与质性评价相结合。在"单元主题课程"的实施过程中，注重课程实施的数据量化，最终可以给教师或学生一个量化的评价；而在量化评价基础上，还应注重质性评价，给学生智能的多元发展予理性的表述。

（3）分层评价与个别化评价相结合原则

实施"单元主题课程"遵循分层教学思想，对于各个层次的学生自然应给予相应的评价，体现分层教学实效，并突现个别化教育的效果。

（4）形成性评价与终结性评价相结合原则

实施"单元主题教育"应注重形成性评价与终结性评价相结合，让教师、学生了解自己实施的状况和效果，从而促进下一阶段的教育。在"单元主题教育"评价中，建议多采用案例评价的方式。案例是一种可以完整地、写实地记录一个教学事件的有效工具。通过案例评价，可以展现"单元主题教育"的最终效果。

6. 多元智能理论的应用方法

长期以来，心理学家和教育学家对于什么是智力，智力如何构成、发展等问题一直有不同的看法。仅在本世纪的前几十年，就有斯皮尔曼的"智力二因素说"、卡特尔的"定型和不定型智力说"、瑟斯顿的"群因素说"、吉尔福特的"智力结构说"和皮亚杰的"认知发展理论"等，其中以传统的智力理论影响最大。

自从1905年法国心理学家比奈和西蒙等人编制出世界上第一个智力测验以来，当今的学校教育一直受到传统智力测验理论的影响。传统的智力测验认为，智力具有单一的性质，通过纸笔测验就可以测出人的智力的高低。因此，传统的智力测验只重视人类可以测验出来的能力及其测试方法，如果某种能力无法测出，就认为这种能力是不重要的。

受传统智力理论影响的教育，首先，教育评价应试化，评价体系是应试指标，而且是静态评价，方法单一，使受教育者认为学习就是学习知识，而忽略了能力的培养。其次，教学方式灌输化，课堂上强调书本，突出老师，忽视了学生独立思考的主动性。

最后，理解内容记忆化，教学中强调记忆而忽视了学生个性的发展，影响了学生创造力的培养和提高。多元智能理论突出了智力的多元性、文化性（情景性），差异性、实践性和开发性，认为要坚持"智能展示"的评估方法，要将学生的优势智能迁移到其它的智能中去。

加德纳的多元智能理论

（1）基本思想

霍华德·加德纳在1983年的《智力的结构》一书中指出智力不是一个容易被测量的东西，目前所能够测量的东西仅仅是语言和数学逻辑。如果一定要去测量智力，那么应当侧重于该智力所要解决的问题或在运用该智力时表现出来的创造力。

这样，在加德纳看来，智力是一种或一组个人解决问题的能力，或制造出在一种或多种文化背景中被认为是有价值的产品的能力。智力是以组合的方式来进行的，每个人都是具有多种能力组合的个体，而不是只拥有单一的、用纸笔测验可以测出的解答问题能力的个体。

加德纳认为，每个学生都在不同程度上拥有八种基本智力，智力之间的不同组合表现出个体间的智力差异。教育的起点不在于一个人有多么聪明，而在于怎样变得聪明，在哪些方面变得聪明。在加德纳看来，智力并非像传统智力定义所说的那样是以语言、数理或逻辑推理等能力为核心的，也并非是以此作为衡量智力水平高低的唯一标准，而是以能否解决实际生活中的问题和创造出社会所需要的有效的产品的能力为核心的，也是以此作为衡量智力高低的标准的。

因此，智力是个体解决实际问题的能力和生产出或创造出具有社

会价值的有效的产品的能力。为此，加德纳承认每个人都或多或少拥有不同的八种多元智力，这八种智力代表了每个人不同的潜能，这些潜能只有在适当的情境中才能充分地发展出来。

（2）主要内容

多元智能理论是一种"内在建构性"的学习观，特别强调每个人都是以自己的方式来理解知识和建构自己对事物的认识的。它不仅提出每一位学生都同时拥有智力的优势领域和弱势领域，而且提出在每一位学生充分展示自己优势领域的同时，应将其优势领域的特点迁移到弱势领域中去，从而促使其弱势领域得到尽可能的发展。

①言语智力，指对声音、韵律和词的意义敏感，理解语言的不同功能。如诗人、记者。有助于发展这种智力的学校活动是讨论修辞和象声词。

②逻辑—数学能力，指对识别逻辑或者数学模式敏感，理解语言的不同功能。如科学家、数学家。有助于发展这种智力的学校活动是根据三角形的面积公式，计算建筑物两对角之间的距离。

③空间智力，指能够准确的感知视觉空间世界，并能够进行知觉转换，如航海家、雕刻家。有助于发展这种智力的学校活动是借助透视法来画图。

④音乐智力，指能够谱写和欣赏节奏、音调和节拍，鉴赏各种形式的音乐，如作曲家、小提琴家。有助于发展这种智力的学校活动是确定一首歌的旋律和节拍。

⑤肢体－动觉智力，指控制身体的运动和灵活操作物体的能力，如舞蹈演员、运动员。有助于发展这种智力的学校活动是玩老鹰捉小鸡的游戏，跳方形舞。

⑥人际智力，指对人的各种情绪、气质、动机和需要作出正确判断和反应的能力，如治疗师、售货员。有助于发展这种智力的学校活

动是听同学之间的辩论。

⑦内省智力，指了解自己的情绪，能够辨别这些情绪，并能够根据这些情绪指导自己的行为；了解自己的长处、不足、动机和智力，如演员、小说家。有助于发展这种智力的学校活动是通过角色扮演来了解一个人的内心世界。

⑧关于自然的智力，指能够发现并理解自然界的模式，如地理学家、探险家。有助于发展这种智力的学校活动是到森林中观察动物的生活模式。

多元智能理论在小学教学中的应用

多元智能理论在中国学校，表现最活跃的舞台是在学科课堂教学上。小学教师活泼好动，棋、琴、书、画略有精通，具有得天独厚的条件。这为借鉴多元智能，促进学生多元智能的发展，摸索有新意的学科教学策略奠定了基础。

（1）对教学环节的影响

①多元导入。导入环节历来是课堂教学的重要组成部分，被看成是激发学生学习兴趣的关键步骤，甚至是关系一节课成败的因素之一。在多年的教学实践中，教师们积累了不少巧妙的导入技巧。多元智能理论为我们提供了导入的新思路：以不同智能类型和学生理解事物的方式为起点，调动起学生多种智能，引发学生的思考。

在这样的课堂里，讲故事不再是语文老师的专利，数学老师、自然课教师也常常以这种孩子们喜欢的听故事的方式导入新课。擅长音乐的老师常以音乐作为所教学科的导入手段。剪纸、折纸不仅出现在手工课上，数学课在讲"轴对称图形"时，老师会说，孩子们把带来的纸折叠，剪成你喜欢的图形。从学生爱听的故事导入，从学生喜欢的手工制作、音乐导入……

老师们用自己擅长的言语智能，将学生的爱好和学习内容联系起

来，将实际生活和课堂联系起来，试图从言语智能、身体智能、人际智能等方面激发学生学习的积极性，使课堂一开始便充满了乐趣。这样的课堂导入，增加了教学成功的概率。

在教授《轴对称图形》中，教师利用讲童话故事进行导入（春天花儿朵朵开放，蜻蜓飞到小湖边玩耍，这时候蝴蝶也来了。蜻蜓对蝴蝶说："小蝴蝶，你别在我面前飞来飞去！"蝴蝶对蜻蜓说："蜻蜓哥哥，我们是一家人。我是来找你玩的。"蜻蜓奇怪的问："你是蝴蝶，我是蜻蜓，我们怎么会是一家人呢？"蝴蝶说："在图形王国里，不止你和我，花儿，树叶也和我们是一家人。"利用多媒体播放故事内容，吸引学生的注意力，引发学生的兴趣。通过这样的导入，学生的言语智能得到了发展。

在教朱自清的《春》时，就用《小燕子》这首儿歌作为导入，先让学生边听歌边展开想像，然后，让学生以四人小组展开讨论：刚才在听歌时，想到了什么情景？学生一下子就来了兴致：有的说，想到了小燕子飞的情景；有的说，想到了柳树；还有的说，想到了春天的各种花朵……大家争相发言，个个神采飞扬，他们的思维自然而然地跟将要学习的《春》的内容相联系起来，为进一步深入学习课文奠定了基础。总之，利用音乐导入，常会使学生的情绪迅速活跃起来，使学生很快进入所学习的内容情境中。从而使学生的音乐智能得到了开发。

②多元化呈现教材。一旦兴趣激发起来，接下来的环节便是让学生充分地感知、理解教材。从教师的角度看，多元切入理解教材是指教师多维度、多方式呈现教材。从学生的方面讲，多元切入理解教材就是用自己学习风格和智能优势表达对教材的理解。

在小学英语课上，用"猜谜"的方式进行教学。例如：老师用英语说出 fox/bird/cow 等动物的特征，学生们猜答案；老师用动作表示某个单词，学生们猜单词。然后，学生自己出谜面、做动作，其他同学互相猜。用这种形式呈现教学内容，既加深学生对知识点的掌握，又发展他们的言语智能、人际交往智能。

在《我是一条小河》一课中用多媒体手段。"我"是一条什么样的小河？如果让学生根据生活中的小河来回答，答案可能令人失望，于是采用多媒体课件，播放美丽的风景在小河中的倒影和小河流经的地方，听着河水的哗哗声，给学生留下了深刻的印象。多媒体技术将人的空间智能、言语智能和逻辑智能有机地结合在一起，调动了学生多种感官系统参与学习，有利于加大课堂的知识密度，加深学生对知识的理解，发展学生的多元智能。

③多元化巩固。布置作业是常规课堂教学的步骤之一，目的是帮助学生巩固所学的新知识。作业毫不例外地用言语符号的形式来呈现，比较单一。全班学生都做同样类型和难度的作业，作业既没有反映出学生间学习能力的差异，又没有反映出学生不同的认识事物方式，致使学习能力强的学生觉得作业水平太低，学习能力差的学生望而生畏，不擅长言语智能的孩子无法表达自己对教材的理解。多元智能理论给教师一个启示：教师可以根据学生多元智能和个性特点布置具有个性化的作业，通过多元化的作业开发学生的多元潜能。

案例：中华路小学五年级的语文老师在讲"颐和园"一文后，其作业（摘自《多元智能在中国》）：

一是细心欣赏颐和园的图片（或自己亲自去参观）运用新学的名词佳句描写图片的景色，完成填空（句子）练习（语言能力）。二是以导游的身份，用导游词的形式把颐和园的各个景点串连起来并给小组或全班学生展示（语言智能、数学—逻辑智能、人际交往智能）。三是写一篇描写景色的短文（语言智能）。四是画一幅画，表现你对课文的理解（空间智能）。

在这个事例中，教师根据学生的差异性，布置了有层次性的作业。学生可以在完成作业的同时培养言语智能，数学逻辑智能，人际交往智能，空间智能等。学生还可以根据自己的水平选择自己能够完成的作业。这样的作业可以培养学生的学习兴趣，可以将学生的优势智能迁移到弱势智能中去。

（2）对小学教学评价的影响

由于受传统智力理论的影响，人们一直把学科分数和升学率作为评价教育质量的主要标准，学校过多地倾向于训练和发展学生的语言和数理—逻辑能力，却忽视了学生其他多方面能力的训练和培养。根据加德纳的多元智力理论，我们就应摒弃以标准的智力测验和学生学科成绩考核为重点的评价观，树立多元评价观。

教师应该从多方面观察、评价和分析学生的优点和弱点，并把这种由此得来的资料作为服务于学生的出发点，以此为依据选择和设计适宜的教学内容和教学方法，使评价确实成为促进每一个学生智力充分发展的有效手段。新课程中强调"评价不仅要关注学生的学业成绩，而且要发现和发展学生多方面的潜能，了解学生发展中的需求，帮助学生认识自我，建立自信"，充分体现了多元智力理论的影响。

①评价主体多元化。评价不再是教师的事，同学、家长、学生自己都可以参与评价，这样的评价能发挥多方面的积极性。学生的自评可以达到自我教育的目的；学生的互评可以建立一种相互激励的机制；学生家长参与教学评价可以建立一种家长与教师共同关心学生成长的机制，以提高课程的组织实施、教师的教学水平、学生的学习质量。

在多元化的教学评价主体中，教师起着重要的作用，他是所有评价的发起者、主持者、协调者。因此，教师要结合小学生的年龄和心理特点把握好评价的定位：突出激发学生的学习兴趣和积极性。

②评价内容多元化。在课堂教学中不再以学生的回答正确与否作

为课堂评价的唯一依据，而是全面评价学生在多项不同智能中的表现，学生在不同智能中可以选择自己的强项进行表达，那么评价也应围绕学生所表现出来的智能进行肯定性评价，教师做到因材施教，因能而评。

例如，在数学课堂教学中培养学生的数理-逻辑能力都是师生无法回避的一个内容，但还应全面评价学生的语言智能、情感态度、学习策略、内省智能、人际关系、合作情况、综合运用能力等多方面的水平和潜能，促进学生全面的发展。

③评价方式多元化。这是评价主体多元化与内容全面化所决定的，也是"多元化"的课堂所决定的。灵活多样、一举多得的评价方式，可以促进学生个性的健康成长。除了传统的书面测试外，实验者还可以进行现场观察、提问、描述、答辩、面谈、随访、专题作业、对话表演、活动报告等等。

多元智能理论在小学教学中的意义

（1）正面作用

传统的智力理论将智力解释为一种以语言能力和逻辑-数理能力为核心的整合的能力，于是教育的重点则被定位于追求优异的语文和数学表现；而多元智能理论则强调，智力的本质更多地表现为个体解决实际问题的能力和生产及创造出社会所需要的有效产品的能力，而这些能力显然远远超越了传统教学和评价关注的重点。

因此，多元智力理论拓展了教师的"智力观"，课程功能由此开始发生着根本的转变，教师不但关注学生的学业成绩，同时关注学生的全面发展，尤其重视培养学生的实践能力和创新能力。这些正是新课程学生评价改革的方向，即建立促进学生全面发展的评价体系，加强考试内容与学生生活经验、社会实际的联系，重在考察学生分析问题、解决问题的能力等。

多元智能理论为教师树立了新的教育观。教育是赏识教育，教师应相信每一位学生都是有能力的人，乐于挖掘每一位学生的优势潜能，并给予充分的肯定和欣赏，树立学生的自尊和自信；教育是个体化的教育，教师变得更为主动、自觉地为每一位学生设计。

长期以来，心理学家和教育学家对于什么是智力，智力如何构成、发展等问题一直有不同的看法。仅在本世纪的前几十年，就有斯皮尔曼的智力二因素说、卡特尔的定型和不定型智力说、瑟斯顿的群因素说、吉尔福特的智力结构说、皮亚杰的认知发展理论等，其中以传统的智力理论影响最大。

自从 1905 年法国心理学家比奈和西蒙等人编制出世界上第一个智力测验以来，当今的学校教育一直受到传统智力测验理论的影响。传统的智力测验认为，智力具有单一的性质，通过纸笔测验就可以测出人的智力的高低。因此，传统的智力测验只重视人类可以测验出来的能力及其测试方法，如果某种能力无法测出，就认为这种能力是不重要的。

受传统智力理论影响的教育，首先，教育评价应试化，评价体系是应试指标，而且是静态评价，方法单一，使受教育者认为学习就是学习知识，而忽略了能力的培养。其次，教学方式灌输化，课堂上强调书本，突出老师，忽视了学生独立思考的主动性。

最后，理解内容记忆化，教学中强调记忆而忽视了学生个性的发展，影响了学生创造力的培养和提高。多元智能理论突出了智力的多元性，文化性（情景性），差异性，实践性和开发性，认为要坚持"智能展示"的评估方法，要将学生的优势智能迁移到其它的智能中去。

（2）负面作用

事物都有两面性，再好的理论也有其不足之处，同样，多元智能

理论也有其不足之处。一般来说，每个人有自己的个性，正由于个性的不同，才使得这个世界丰富多彩。但也不可否认生活在一定文化背景下的人类群体还是有许多共性的，共性是使人类能长久地相处并使文化延续下来的主要原因，可多元智能理论却过分地强调了人的不同和人的个性以及人与人之间的差异，而使得当今人们的教育研究大都忽视甚至抛弃了对人的共性和研究，这也不能不说是当前学界的一种短视。

而且加德纳自己也承认，多元智能理论在学术分组、天才教育、交叉学科课程、学年长度或者其它热点的教育问题方面并没有发言权。评估智能也会带来很大的危险。对于这些危险，加德纳也是知道的，那就是给儿童贴上各种标签，这是智能评估所无法避免的。

当然贴标签可以鼓励人，也可以禁锢人的发展。但事实中出现的由评估而带来的贴标签的后果也是相当严重的。没有人喜欢由于自己的身体动觉智能而被人称为四肢发达，头脑简单的人，由于其他智能的优势而被别人说成人际交往有问题、不擅长逻辑思维等。这样这些智能评估带来的后果与以往的智商测试的分数低而被人看成傻瓜有何区别呢？

更何况，根据多元智能的理论，人的这些智能是天生的，那就是说一旦给学生贴上了这样或那样的智能标签，这个人所拥有的智能是一个永远不会改变的现实了，那也从另一个方面说明了教育是没有作用的，而且也自然走入了人的素质"先天决定论"的论断。多元智能的这种倾向就明显地在为"遗传决定论"做辩护。

对人的智能贴了标签，就代表了一个永久性的限定，使人以后的发展局限在单一能力或智能里，从而只能获得对世界片面的认识。而我们提倡的素质教育是要以发展的观点来看待人的发展的，是不能对每一个学生的各种能力过早地、轻率地下定论。

人成材，有少年得志的，也有大器晚成的，多元智能理论过早地对一个人的发展下结论，以至放弃了受教育者以后在其他方面的发展的潜能，从而扼杀了学生将来的发展潜能。这与我国教育方针提倡的全面发展学生的素质是完全不符合的，用这理论来作为素质教育的理论基础与我国的教育方针是相背离的。

7. 培养学生智能学习的方法

多元智能理论是当今世界上最著名的发展心理学家和教育家、美国哈佛大学资深教授霍华德·加德纳 1983 年提出的一种风靡全球的心理学理论。加德纳教授在研究了不同对象的人脑与智能的基础上，修正了传统的智能概念，在其著作《智力的结构》一书中明确提出了多元智能理论这一概念。

作者的初衷是"要完成比当时认知研究普遍接受的观念还要完整，提出广泛的人的思维观。"多元智能理论以全新的理念，为我们提供了评价学生的多元视角，引领我们重新审视以往的教育思维和教学策略，并对现有的学校教育提出了深刻的挑战与反思。

当今，呼唤有智慧的教育，培养有个性的学生已经成为我国教育改革的主旋律。如何从根本上革除我国传统教育中重知识传授、轻智慧养成的弊端，如何在教育教学过程中彰显学生个性，使拥有不同天性和强项的学生都能得到最适合其自身特质的发展，从而最终实现人的全面发展，始终是教育领域中备受瞩目的核心命题。

本文试从以下三个方面，阐述多元智能理论对我国基础教育领域目前正在进行的新课程改革以及全面实施素质教育、着力培养学生的创造力、创新精神等多元智能方面的指导意义。

多元智能理论提出的革命性意义

1905 年，法国心理学家比奈和西蒙等人受法国政府委托编制出了比西量表，被世界各国广泛使用，成为世界上第一个智能测验量表。其理论认为智能具有单一性质，通过纸和笔测验就能测出人的智能高低。这种传统的智能测验只重视人类可以测验出的智能及测试方法，如果某种智能无法测出，就认为这种智能是不重要的。

于是，智能测验的观念如同在全世界下了一道命令，所有的儿童都得接受单一狭隘的智能测验，以换回一种表示人的聪明程度的"智商分数"，教育的作用就在于尽量使儿童获得这种高分。这种理论反映在教育活动中，就是在学校教育中始终实施"一元化教育"，即学生尽可能地学习相同的课程，并且教育者尽可能地以相同的方式将这些学科的知识传授给所有的学生。衡量学生学习好坏的最佳手段，应该由频繁的考试来进行。

为了与这种可比性的要求相吻合，智能测验所测试的学科就要是最适合采用这种评价方式的学科，如语言、教学等。因此，在学校里最受到重视的学科当然是语言、数学等。而那些在测验中难以实施的学科，如艺术、体育等，在学校教育中则被认为无关紧要。这种狭隘的教育观就直接导致了悲观的学生观，即学校教育中只有一部分学生在学习上是成功的，而另一部分学生的学习是要失败的。

多元智能理论提出的"切入口"或"批判的对象"，在教育理论界揭开了划时代的新的一页。加德纳认为智能并不是一个容易被测量的东西，目前所能测量的仅仅是语言和数学逻辑。如果一定要去测量智能，那么应当侧重于该智能所要解决的问题或在运用该智能时表现出来的创造力。

这样，在加德纳看来，智能是一种或一组个人解决问题的能力，或是一种或多种有价值的发明创造的能力。智能是以组合的方式来进

行的，每个人都是具有多种智能组合的个体，而不是只拥有单一的、用纸笔测验可以测出的解答问题能力的个体。

由此，加德纳提出了智能多元化的观点，认为人类的智能是多元的。人除了语言智能和逻辑－数理智能两种基本智能以外，还有其他七种智能，它们是视觉－空间智能、音乐－节奏智能、肢体－运作智能、人际交往智能、自知－自省智能、自然观察智能和存在智能。

多元智能理论认为，每个学生都在不同程度上拥有上述九种基本智能，但由于遗传或环境因素的差异，智能之间的不同组合表现出个体之间的智能差异，每个人在各种智能发展程度上有所不同，而且也会以不同方法来统合或糅合这八种智能。每种智能有其独特的发展顺序，而在人生的不同时期中开始生长与成熟，如音乐智能是最早被发展的。

大部分人只能在一二种智能上表现出优越的智能。例如爱因斯坦是数学与自然科学方面的天才，而他在肢体运动与人际交往方面却未有同样的表现。在加德纳看来，教育的起点不在于一个人有多么聪明，而在于怎样变得聪明，在哪些方面变得聪明。

智能并非像传统智力定义所说的那样是以语言、数理或逻辑推理等能力为核心的，也并非是以此作为衡量智力水平高低的唯一标准，而是以能否解决实际生活中的问题和创造出社会所需要的有效产品的能力为核心，以此作为衡量智能高低的标准。因此，智能是"在一定的社会文化背景下，个体用以解决自己面临的真正难题和生产及创造出社会所需的有效产品的能力"。

多元智能理论对新课改的思考

多元智能理论的提出，对于改革传统的学校教育具有划时代的指导意义。

加德纳关于智能本质和智能结构的新理论对传统的智能理论有以

下三个方面的突破：一是，智能不再是传统意义上的逻辑－数理智能或以逻辑－数理智能为核心的智能，而是我们今天大力倡导的素质教育所强调的实践能力和创新能力；二是，智能不再是传统意义上可以跨时空用同一个标准来衡量的某种特质，而是随着社会文化背景的不同而有所不同的为特定文化所珍视的能力；三是，智能不是一种能力或以某一种能力为中心的能力，而是独立自主、和平共处的多种能力。

加德纳关于智能问题的三个突破为我们今天的基础教育课程改革提供了多方面的有益启示：

第一，把智能定位为解决问题的能力和生产及创造社会需要的有效产品的能力，为我们今天的基础教育课程改革提供了新支点，我们的课程改革一定要把培养学生的实践能力和创造能力放在首要位置，我们的学校再也不能仅凭标准测试的分数或几门书面考试的成绩衡量学生，而是应当重点培养并考察学生运用所学知识解决实际问题和进行初步创造的能力。

第二，把智能放置于一定的文化环境之中，为我们今天的基础教育课程改革提供了新依据。我们的智能观和智能培养观应该是与时俱进和因地制宜的。置身科技日新月异、飞速发展的新世纪，我们的基础教育课程一定要改革，同时，我们的教育改革一定要具体问题具体分析，切忌拿来主义，盲目照搬照抄。

第三，把智能结构看作是多维的和开放的，为我们的基础教育课程改革提供了新视角。我们的课程改革应该促进学生真正意义上的全面发展，我们不能只围绕着某种智能设置课程，不能把多种"非学术"智能领域当作可有可无的"副科"，而应当使我们的课程保证学生多元智能都得到发展，使我们的教育方针体现在实实在在的课程上。

第四，把每一个个体的智能结构看作是差异性和个体化的，为我们基础教育课程改革提供了新思路。我们的教育应当在保证学生全面

发展的同时，关注并培养学生的优势智能领域，使我们的教育成为发现差异、因材施教、培养特长、树立自信的教育。

新课程改革强调一种开放的课程文化，每个儿童都是一个完整的生命体，儿童之间存在差异，只有多方面的合作才能促进儿童的全面发展。基于加德纳的多元智能理论，我们的教师应当树立积极向上的儿童观，即每个学生都是多种相对独立智能错综复杂的以不同方式、不同程度的组合，每个学生都有自己的智能特点亦即优势智能领域和弱势智能领域，有自己独特的学习类型和方法。

因此，我们的课堂里再也不应当有"笨学生"的存在，只有各具智能特点、学习类型和发展方向的学生的聚集。我们看待学生时应该时刻清醒地提醒自己：在我们的学校教育中再也不应存在一个学生有多聪明的问题，而只存在一个学生在哪些方面聪明和怎样使之更加聪明的问题，我们的教师应该树立对症下药、因材施教的教育观。如此，则教育幸甚，民族幸甚。

多元智能理论的借鉴意义

社会的需要是科学发展的根本动力，正如恩格斯指出的，一旦社会有某种需要，就比十几所大学更能推动科学的发展。正是现代社会经济、科技和军事实力竞争的需要，催生了多元智能理论的问世。

多元智能理论被译介到国内后，对我国基础教育领域教育模式、教学方法和教育评价产生了巨大的影响，其突出贡献在于强调智能多元性，突出智能差异性，提出智能文化性，揭示智能的发展性。

借鉴多元智能理论开发学生的潜能，实现最优化教学方式正日益为广大教育工作者所接受并在各级各类学校引起广泛的关注。但目前在实验过程中普遍存在着口号喊得响，缺乏针对性的问题。

根据中国教育学会"借鉴多元智能理论，开发学生潜能的实践研究"课题组的研究实验，小学、初中、高中三个学段需要解决的教学

问题各有重点，其分别应把握以下内容：

学前和小学阶段，借鉴多元智能理论，应着重开展如何展示学生的天赋，为学生多方面智能的发展创造条件的实验。这既有利于减轻学生过重的课业负担，也可以保证小学教育质量的稳步提高。

初中教育阶段，借鉴多元智能的理论，重点是解决学生如何有效学习的问题。初中是我国义务教育的"出口"，如何降低辍学率，是目前九年义务教育的关键所在。当前我国初中辍学率居高不下，首要原因，是学生的"厌学"问题。学习多元智能理论，改进我们的教育教学，有效解决学生的"厌学"问题，创造一个富有生机和活力的学习环境。

高中阶段，侧重于运用多元智能理论指导学生开展研究性学习、人文科学与自然科学结合等问题的研究。以上都是我们高中课程改革的新思路，对深化理解程序性知识和培养学生分析问题、解决问题的能力有独特的作用。

综上所述，多元智能理论表明：过去的应试教育着重选拔人、淘汰人，是社会人力资源的最大浪费。与此相反，以多元智能理论为指导的全新的个性化教学理念和最优的教学方式为我国素质教育的有效实施提供了良好的发展思路，超越了传统的学科教学观，促使教学走出狭隘的传授知识的单一目的，将教学目标定位在开发和培养学生多种智能潜力上，将"乐玩"与"乐学"、"学会"与"会学"辩证统一起来。

动员学生主动参与，展示才华，促进学生全面发展，达到因材施教，扬强补弱的目的，这与我国目前进行的新课程改革的理念是一致的。坚信只要我们提高认识，善于学习，就能开辟一条个性化的教学之路，推动新课改逐步深入，使每一个学生都能成为成功的、有效的具有多元智能的学习者。

8. 提高学生智能学习的技巧

呼唤有智慧的教育，培养有个性的学生已经成为当今我国教育改革的主旋律。如何从根本上革除我国传统教育中重知识传授、轻智慧养成的弊端，如何在教育教学过程中彰显学生个性，使拥有不同天赋和强项的学生都能得到最适合其自身特质的发展，从而最终实现人的全面发展，始终是教育领域中备受瞩目的核心命题。

多元智能理论是当今世界上最著名的发展心理学家和教育家、美国哈佛大学资深教授霍华德·加德纳在 1983 年提出的一种风靡全球的心理学理论。多元智能理论以全新的理念，为我们提供了评价学生的多元视角，引领我们重新审视以往的教育思维和教学策略，并对现有的学校教育提出了深刻的挑战与反思。

多元智能理论的内容

加德纳教授认为人在实际生活中所表现出来的智能是多种多样的，这些智能可被区分为七项：语言文字智能、数学逻辑智能、视觉空间智能、身体运动智能、音乐旋律智能、人际关系智能和自我认知智能。

（1）语言文字智能

是指有效的运用口头语言或书写文字的能力。这项智能包括把文法、音韵学、语义学、语言实用学结合在一起并运用自如的能力。律师，演说家，编辑，作家，记者等是几种特别需要语言智能的职业。对语言智能强的人来说，他们喜欢玩文字游戏。

在学校里，他们对语文历史之类的课程比较感到兴趣，在谈话时常引用他处读来的信息，喜欢阅读、讨论及写作。这一类的儿童在学习时是用语言及文字来思考，对他们而言，理想的学习环境必须提供

下列的教学材料及活动：阅读材料、录音带、写作工具、对话、讨论、辩论及故事等。

（2）数学逻辑智能

是指有效的运用数字和推理的能力。这项智能包括对逻辑的方式和关系，陈述和主张，功能及其他相关的抽象概念的敏感性。

数学家、税务、会计、统计学家、科学家、电脑软体研发人员等是特别需要逻辑数学智能的几种职业。对逻辑数学智能强的人来说，他们在学校特别喜欢数学或科学类的课程；喜欢提出问题并执行实验以寻求答案；喜欢寻找事物的规律及逻辑顺序。

对科学的新发展有兴趣，喜欢在他人的言谈及行为中寻找逻辑缺陷，对可被测量、归类、分析的事物比较容易接受。这一类的儿童在学习时是靠推理来思考，对他们而言，理想的学习环境必须提供下列的教学材料及活动：可探索和思考的事物、科学资料、操作、参观博物馆、天文馆、动物园、植物园等科学方面的社教机构。

（3）视觉空间智能

是指准确的感觉视觉空间，并把所知觉到的表现出来的能力。这项智能包括对色彩、线条、形状、形式、空间及它们之间关系的敏感性，也包括将视觉和空间的想法具体的在脑中呈现出来，以及在一个空间的矩阵中很快找出方向的能力。向导、猎人、室内设计师、建筑师、摄影师、画家等是特别需要空间智能的几种职业。

空间智能强的人对色彩的感觉很敏锐，喜欢玩拼图、走迷宫之类的视觉游戏；喜欢想像、设计及随手涂鸦，喜欢看书中的插图，学几何比学代数容易。这一类的儿童在学习时是用意象及图像来思考，对他们而言，理想的学习环境必须提供下列的教学材料及活动：艺术、积木、录影带、幻灯片、想像游戏、视觉游戏、图画书、参观美展、画廊等艺术方面的社教机构。

（4）身体运动智能

是指善于运用整个身体来表达想法和感觉，以及运用双手灵巧的生产或改造事物。这项智能包括特殊的身体技巧，如平衡、协调、敏捷、力量、弹性和速度以及由触觉所引起的能力。演员、舞蹈家、运动员、雕塑家、机械师等是特别需要空间智能的几种职业。这一类的人很难常时间坐着不动；他们喜欢动手建造东西，如缝纫、编织、雕刻，或木工或是跑跑跳跳、触摸环境中的物品。

他们喜欢在户外活动，与人谈话时，常用手势或其他的肢体语言，喜欢惊险的娱乐活动并且定期从事体育活动。这一类的儿童在学习时是透过身体感觉来思考，对他们而言，理想的学习环境必须提供下列的教学材料及活动：演戏、动手操作、建造成品、体育和肢体游戏、触觉经验等。

（5）音乐旋律智能

是指察觉、辨别、改变和表达音乐的能力。这项智能包括对节奏、音调、旋律或音色的敏感性。作曲家、演奏（唱）家、音乐评论家、调琴师等是特别需要音乐智能的几种职业。

他们通常有很好的歌喉，能轻易辨别出音调准不准，对节奏很敏感，常常一面工作，一面哼唱音乐，会弹奏乐器，一首新歌只要听过几次，就可以很准确的把它唱出来。这一类的儿童在学习时是透过节奏旋律来思考，对他们而言，理想的学习环境必须提供下列的教学材料及活动：乐器、音乐录音带、CD、唱游时间、听音乐会、弹奏乐器等。

（6）人际关系智能

是指察觉并区分他人的情绪、意向、动机及感觉的能力。这包括对脸部表情、声音和动作的敏感性，辨别不同人际关系的暗示以及对这些暗示做出适当反应的能力。人际关系智能强的人通常比较喜欢参

与团体性质的运动或游戏，如篮球、桥牌；而较不喜欢个人性质的运动及游戏，如跑步、玩电动玩具。当他们遭遇问题时，他们比较愿意找别人帮忙；喜欢教别人如何做某件事。

他们在人群中感觉很舒服自在，通常是团体中的领导者，他们适合从事的职业有政治、心理辅导、公关、推销及行政等需要组织、联系、协调、领导、聚会等的工作。这一类的儿童靠他人的回馈来思考，对他们而言，理想的学习环境必须提供下列的教学材料及活动：小组作业、朋友、群体游戏、社交聚会、社团活动、社区参与等。

（7）自我认知智能

是指有自知之明并据此做出适当行为的能力。这项智能包括对自己有相当的了解，意识到自己的内在情绪、意向、动机、脾气和欲求以及自律自知和自尊的能力。

自我认知智能强的人通常能够坚持写日记或睡前反省的习惯；常试图由各种的回馈中了解自己的优缺点；经常静思以规划自己的人生目标；喜欢独处，他们适合从事的职业有心理辅导、神职等。这一类的儿童通常以深入自我的方式来思考，对他们而言理想的学习环境必须提供他们秘密的处所、独处的时间及自我选择等。

带给新程改以新的意蕴

多元智能理论的意义，并不只在于它提出了一种对于智力的新解释，而在于它给传统教育观念带来的巨大冲击。多元智能理论为我们提供了一种个人发展的新模式，使我们能够从一个全新的角度来理解学生发展，审视我们对学生的评价，从而树立科学的学生观、教学观、课程观、评价观。

（1）"扬长避短"的学生观

加德纳认为，每个人都具有7种智能，只是其组合和各自发挥程度不同。每个学生都有自己的优势智力领域，有自己的学习类型和方

法，学校里不存在差生，全体学生都是具有自己的智力特点、学习类型和发展方向的可造就人才。

学生的问题不再是聪明与否的问题，而是在哪些方面聪明和怎样聪明的问题。适当的教育和训练将使每一个儿童的智能发挥到更高水平。因此，教育应该在全面开发每个人大脑里的各种智能的基础上，为学生创造多种多样的展现各种智能的情景，给每个人以多样化的选择，使其扬长避短，从而激发每个人潜在的智能，充分发展每个人的个性。

无论何时，我们都应该树立这样一种信念：每个学生都具有在某一方面或几方面的发展潜力，只要为他们提供了合适的教育，每个学生都能成才。教育工作者应该做的，就是为具有不同智力潜能的学生提供适合他们发展的不同教育，把他们培养成为不同类型的人才。

加德纳认为学生与生俱来就各不相同，没有相同的心理倾向，也没有完全相同的智力。但学生都具有自己的智力强项，有自己的学习风格，如果考虑这些差异，如果考虑学生个人的强项而不是否定或忽视这些强项，如果教育以最大程度的个别化方式来进行，那么，教育就会产生最大的功效。

（2）"对症下药"的教学观

"对症下药"有两个方面的含义。其一是针对不同智力特点的"对症下药"。加德纳的多元智能理论认为，不同的智力领域都有自己独特的发展过程并使用不同的符号系统，因此，教师的教学方法和手段应该根据不同的教学内容而有所不同。

其二是针对不同学生的"对症下药"。同样的教学内容，教学时都使用"教师讲，学生听"的教育方法，无论哪个教育对象都采用"一本教材、一块黑板、一支粉笔"的教学形式，是违背教育规律和因材施教原则的。

由于学生智力表现形式的多样性和复杂性，因而无论什么时候，不论多么优秀的教师，都不可能找到一种适合于所有学生的教学方法。千篇一律的教学方法只能适用于一部分学生，而对另一些学生则完全无效。这样的教学必然导致部分学生其他方面的智力因不能得到适当的培养而僵滞、萎缩，这对个人和社会都是一种巨大的浪费。

如果教师能够根据不同学生的特点，不断地变换教学方法和手段，学生就有机会利用适合他的智力倾向的方法来学习。多元智能理论的教学观要求我们的教师根据教育内容以及学生智能结构、学习兴趣和学习方式的不同特点，选择和创设多种多样适宜的、能够促进每个学生全面充分发展的教育方法和手段。

（3）"多元智能"的课程观

"多元智能"课程的实施项目包括：在幼儿早期进行"多彩光谱式学习"，目的在于发现儿童的各种智力优势与强项；小学阶段实行重点实验学校，在小学除了读写算课程外，还开设计算机、音乐、体育等课程，每天激发每一个孩子的多元智能；初中阶段施行"实用智能"，即把斯腾伯格的成功智力特别是实践智力与加德纳的人际智力结合起来，使每个学生在学习上获得成功；高中阶段进行"艺术推进"，开发艺术对学生发展的促进功能。

实施"多元课程"的途径主要有两个：一是通过"专题作业"项目，即试图通过学生在解决真实问题学习中的智力"长势"，来呈现学生的智力强项；二是采用"学徒制"方法，即认为有智力特长的学生不适于在教室中跟班学习，可以像大学教师带研究生一样进行"学徒制"式学习。大家一致认为，强调"多元"是一个保证，否则无法实现课程的个性化。

多元智能理论为我们挑战传统的课程设计思路并形成新的、有时代特点的课程设计思路提供了有意义的借鉴。在传统的课程设计中，

我们的指导思想是为一两种核心智力而教，是通过整齐划一的直接讲授来教。这种学校课程使得我们的教育培养的不仅多是片面发展的学生，而且多是循规蹈矩的没有个性和创造性的学生。

根据多元智能理论的理念和实践，有时代特点的课程设计思路可以概括为两点：其一是"为多元智能而教"；其二是"通过多元智能来教"。前者可以在某种意义上被看做是我们对教育目的的新思考，后者则可以在某种意义上被看做是我们在教育方法上的新追求。

"为多元智能而教"要求我们在进行学校教育课程设计的时候，摒弃原来只围绕语文和数理化设计课程的惯有思路，而对学生的多种智力一视同仁，在观念上把多种智力领域放在同等重要的地位，并在实践中把多种智力领域和不同的学科教学相结合，使学生能够较好地运用并发展自己的每一种智力。

"为多元智能而教"还要求我们在进行学校教育课程设计的时候，充分认识到不同学生的不同智力特点，强调使每一个学生的智力强项得到充分发展，并从每一个学生的智力强项出发，促进学生其他各种智力领域特别是智力弱项的发展。

"通过多元智能来教"要求我们在进行学校课程设计的时候，在使不同智力领域得到全面发展的同时，通过调动不同智力活动在教育教学中的不同作用，使用多样化的教学手段，极大地提高课堂教学的实际效果。"通过多元智能来教"可以直接地为教师的实际教育教学提供积极的借鉴，帮助教师改变传统的课堂教学设计思路。

(4)"以人为本"的评价观

加德纳提出建立以"个人为本"的评价，包括四个方面：标准参照评价、基准、自比和真实性评价。他认为真实性评价最重要。要把学生的观察记录、成果展示、录音、录像、图片、涂鸦或图表、个别谈话记录、月历表现记录等都放进学生的个人档案中去，用这样的档

案来评价学生。

他提出了两种真实性评价：一是实作评价，即按照学生实际作品或表现来评价；二是卷宗（档案袋）评价，它可以捕捉学生一学年的情况，能鼓励学生自由探索熟悉问题的新解决方案，鉴别出每个学生的智力强项和弱项，揭示出学生成长的轨迹和进步的方式。这种评价克服了传统评价考试、测验带来的弊端。

由于受传统的以语言和数理—逻辑能力为核心的智力观念的影响，传统教育把学科分数和升学率作为评价教育质量的主要标准。学校教育教学活动错误地估计了学生的学习潜力，更多地倾向于训练和发展学生的语言和数理—逻辑能力，却忽视了学生其他多方面的能力训练和培养。

根据加德纳的多元智能理论，我们就应该摒弃以标准的智力测验和学生学科成绩考核为重点的评价观，树立多维的评价观。多元智能理论所主张的教育评价是通过多种渠道、采取多种形式、在多种不同的实际生活学习情景下进行的、确实考查学生解决实际问题的能力和创造产品的能力评价。

教师应该从多方面观察、评价和分析学生的优点和弱点，并以此作为服务于学生的出发点，以此为依据选择和设计适宜的教学内容和教学方法，使评价确实成为促进每一个学生智力充分发展的有效手段。

多元智能理论的实质并不在于将智力划分为八种或更多种，而在于通过对智力的发现来扩大学习的内容领域和知识的表征形式，进而促进以往被忽略的智力开发，充分地发掘出一个人身上隐藏着的巨大潜力，从整体上提高人的智力素质。多元智能理论放大了对人类自身认识的视野，指出了传统智力测试、智力开发及智力评价的严重缺陷。

如果建立以多元智能理论为基础的新学生观、智力观、评价观及人才选拔的标准，那么，那些被我们"判了死刑"的"笨蛋"或"差

生"就将获得解放，寻求或选择符合自己的"智力结构"与智力潜能的发展机会。多元智能理论启示我们，人与人之间的差别不在于个体智能是高还是低，而在于每个人的智能组合不同。

因此，并非所有的学生都要采用相同的方法学习，社会和学校应承认每个人都有其独特的学习方式。最后，我们来探究多元智能促进学生有效学习的策略。

多元智能理论促进有效学习的方法

（1）备课观念由"备教案"变"备学案"

课程目标应由"关注知识"转向"关注学生"，课程设计应由"给出知识"转向"引起活动"，因为学生在学习中获得的自信、科学态度和理性精神，比单独拥有知识更有价值。

要改变以往课程实施过于强调接受学习、死记硬背、机械训练的现状，树立课程目标意识，它的最大特点不是教教材，而是用教材教，通过知识技能的传授，最大限度地发挥教材的课程功能，以实现教学的发展功效和育人的本质功能。

让学生自己在尝试的情境中加以探索、思考、理解，把教学要求转化成学生自己的学习目标，帮助学生学会学习，这是教师必须具备的课堂教学理念。

教师备课活动的重点在于研究学生，研究学生的已知与未知，研究学生的认知与情感发展需求，研究学生在课堂教学过程中可能发生的变化。教师在备课时，要对教材和学生进行综合的分析，把学生在学习中可能产生哪些问题，指导什么，怎样指导列为备课的重点，改变传统的"教案"为"学案"。

（2）课堂结构由"要我学"变"我要学"

当我们把教学过程中关注的焦点由教师的讲解转变到学生的学习行为以后，学习者自身素质及其所生活的环境的差异，就会成为影响

教学活动质量的重要因素，教师要坚决贯彻教学应该以学生发展为本，应该为每个学生的不同发展服务的原则，让课堂教学最大程度实现最大多数学生的有效学习。

教学应尊重并适应学生的个别差异，教师应了解每一个学生的性格、爱好和原有的知识结构及不同的文化背景，鼓励每一个学生都参与到学习活动中去。学生的个体差异有性格差异和学生的认知差异等，在学习的过程中，学生认知差异表现为认知方式与思维策略、认知水平和学习能力的差异，也表现为智能方式的差异。

教师在教学中要鼓励与提倡解决问题策略的多样化，尊重学生在解决问题过程中所表现出的不同认知水平、认知方式，鼓励每一个学生都参与到学习活动中去。问题的设计、教学过程的展开，练习的安排要尽可能地让所有学生都能参与，在学习活动中主动提出各自解决问题的策略，并引导学生在与他人的交流中选择合适的策略，丰富自己的学习经验。

教师要设计多样的学习形式，满足不同学生的学习需求。有效的学习活动不能单纯地依赖模仿与记忆，动手实践、自主探究、合作交流都应是学习的重要方式。

教师应根据学生不同的需求选择设计不同的学习形式，要努力提供丰富多彩的教育资源，充分运用现代信息技术、组织手段，让学习者有可能利用各种学习方式，促进自身积极主动参与教学活动，在思辨、操作、争论、探究的过程中，得到学习能力的提升和发展。

具有一定联系的知识系统是学生主动学习的前提，而课堂教学的设计在于唤醒学生自己头脑中的知识经验系统，与新知识产生联系，激起学生探索规律的内部动力，从而主动学习，培养能力，促进发展。只有当教材知识结构、学生认知结构和课堂教学结构三者形成内在的协调统一，才能使教学有效促进学生将教材知识结构转化为自己的认知结构，提高教学的有效性。

为此，教师应充分了解和利用学生原有的认知结构，循序渐进、融会贯通地把握教材知识结构的合理性和综合性，优化课堂教学结构，改进教学组织形式，把学生个体学习、合作学习、小组学习和集体学习有效结合起来，使教学结构适应完成各类不同的学习任务，促进学生在学习过程中形成整体、优化的知识结构。

（3）师生关系由"一言堂"变"多言堂"

在以学习者的知识的主动建构与情感的积极发展为目标的课堂里，教师的根本责任是让每个学习者的主动性与积极性得到充分发挥，让每个学习者都能从自身的实际与需要出发，在40分钟的课堂里真正学到东西，真正获得益处。

在这样的情况下，学习者是否感到快乐，能否与老师、同学和谐相处，认真讨论，能否没有顾虑地自由发表意见，提出问题，能否真正打开思想的闸门，积极主动地实现认识或情感深处的碰撞与融合，就成为至关重要的因素。所以，创造宽松的学习环境，保护学生的心理自由和心理安全，是学生有效学习的保证。

营造民主和谐的师生关系，对教师而言，首先就是在教学中要"目中有人"和"心中有人"，充分尊重学生的人格，充分尊重学生思维方式和自身发展方向。师生之间、学生之间相互沟通理解，彼此信任，共同合作。倡导师生平等交流的课堂教学环境，能为每个学生创造参与课堂教学活动的机会，积极鼓励学生在与教师、与同伴的平等交流中，展示自己的能力和才华。

其次是课堂教学中要关注每个学生的心理特点、认知能力、社会化程度等方面的特征及其差异性，重视课堂教学活动中的情感、动机、信念等人格因素的影响。三是要激发学生学习活力，充分运用教师自身教学艺术的魅力，创造出引人入胜的课堂教学情境。

（4）发展评价由"你最好"变"你更好"

学生评价的目的是促进学生全面地、主动地发展。对学生学习的评价，既要关注学生的学业成绩，更要关注他们情感、态度和价值观的形成和发展；既要关注学生学习的结果，更要关注他们在学习过程中的变化和发展。

评价应注重学生发展的进程，注重形成性评价，强调学生个体过去与现在的比较，通过评价使学生真正体验到自己的进步，帮助学生认识自我，建立自信。

坚持发展性评价的原则，强调课堂教学评价应该以学生发展为本，为创造有利于学生自主学习、独立思考、合作探究的课堂氛围服务，让学习者实现有效学习，强调对学生学习状况、学习能力、学习成果的评价应该尽可能涵盖各类学生的不同状况，从而使评价成为激励和引导学生发展的手段。

评价应多采用鼓励性语言，以发挥评价的激励作用，让每一位学生体会到只要自己在某个方面付出了努力就能获得公正客观的评价。评价要充分关注学生的个体差异，保护学生的自尊心和自信心。评价应努力克服传统的以教师为评价主体，学生为评价客体的模式，倡导民主教学与民主评价，兼顾集体发展评价与个人发展评价，采用自评、互评、师评相结合的方式。

评价的手段和形式应多样化，不宜只采用纸笔测验，应放弃单一的给学生打"综合分"这种评价方式，要结合评价内容和学生学习特点灵活选择"课堂日记"、"作业评价"、"成长记录袋"等评价形式，全面评价学生的学习。

综上所述，以多元智能理论为指导的全新的个性化教学理念和最优的教与学的方式为我国素质教育的有效实施提供良好的发展思路，超越了传统的学科教学观，促使教学走出狭隘的以传授知识为最终单一的目的，将教学的目标定位在开发和培养学生多种智能潜力上，将乐玩与乐学、学会与会学辩证统一起来。

动员学生主动参与，展示才华，促进学生全面发展，达到因材施教，扬长避短；正视差异，善待差异的"为多元智能而教"的目的，这与我国目前进行的新课程改革的理念是一致的。坚信只要我们提高认识，善于学习，就能开辟一条个性化的教学之路，推动新课改逐步走向深入，使每一个学生都能成为成功的、有效的具有多元智能的学习者。

第二章

学生提高学习智能故事推荐

1. 老聃善于学习

老聃姓李，名耳，字聃，是春秋时期楚国苦县曲仁里人，李耳童年的命运是不幸和孤苦的。在他还没有出世的时候，父亲就已经去世了，据史书记载李耳生来禀赋气质就与常人不同，他额头宽阔，耳朵长得又大又重，四方大口，嘴唇很厚，牙齿却很稀疏。

李耳自幼就肯动脑筋，善于向自然学习。有一次他和一群孩子在野外看到了一棵大树，于是大家开始判断那是一棵什么树。一个孩子看到树的前面写着一个"槐"字，于是便叫道："那是一棵槐树。"

小李耳看到树的另一面写的则是一个"楝"字，他反驳说："不对，那是一棵楝树。"

于是他们争执不下，最后去问一个很有知识的老农，才弄清楚了既不是槐树也不是楝树，而是一棵合欢树。这件事让小李耳懂得了看问题要全面，不仅要看正面，还要看反面。

李耳从小就非常好学，他出身于士大夫家庭，所以读了不少的书，由于失去了父母，他受了许多的苦。但是苦难更激起了他旺盛的求知欲。同族的人看他十分的好学，就为他请了一位精通殷商礼乐的老师商容，李耳从商容那里学了许多礼仪方面的知识。有一次商容病了，李耳去探望他。进了门李耳问："先生病情很厉害，还有什么话要教诲弟子的吗？"

商容说："经过故乡的时候要下车，你知道这个礼节吗？"

李耳答道："大概是表示不忘根本的意思吧！"

商容听了非常满意。李耳从商容那里学了许多殷商礼制的知识。这为李耳以后反对"礼"和"仁义"打下了基础。因为他了解礼，非

常明白它的症结所在。

李耳还很善于从实际生活中学习书本以外的东西。有一次在野外他遇上了求雨的人们，因为天气干旱，种田的人为了求雨，就不停地磕头祭神，有的额头都磕起了大包，这使得李耳开始对水进行思考。他认识到了水的重要性。没有水就没有万物，没有生命，水看起来是那样的柔弱，却又具有无坚不摧的力量。通过对水的思考，他进一步认识到了柔与刚的对比关系。李耳的思想渐渐地丰富完备起来。

后来李耳做了周王朝藏书史官，也就是相当于国家图书馆馆长的职位。这使他有机会学得更多的知识，就这样，通过书本和现实多方面的学习，他终于完善了自己的哲学。在老聃看来，天下万物发展有一个总的根源，这就是道，它广大无边周流不息，周流不息而伸展辽远，人只有找到生命的本源，生命才会有快乐，才会有意义。

老聃是当时的饱学之士，他以渊博的知识而名扬天下。孔子曾与鲁国的南宫敬叔一起到了周的都城，向老聃请教"礼"的问题。

孔子说："我研究《诗经》、《书经》、《周礼》、《易经》等书，深明周公、召公成功之路，并且拜见了七十多个国君，但谁也没有采用我的主张。看来说服人们真是太难了。"

老聃说："你那六艺全都是先王时代的陈旧历史，你现在所修的，也都是些旧东西，就像是先人留下的脚印，你说那些能有什么用呢？"

临别时老聃告诉孔子说："孔丘呵，你所要恢复的周礼，当年倡导它的人骨头都烂没了，周礼也失去了它原有的生命力。抛弃你的骄气和过大的志向吧，这些东西对你没有好处的。"

孔子从老聃那儿回来，三天没有说话。子贡很奇怪地问："老师，你为什么不说话呢？"

孔子说："我如果遇到某人的思想如同飞鸟一样放达时，我可以用似弓箭般准确的论点来制服他；如果对方的思想像麋鹿一样快捷时，

我可以用猎犬般的敏锐来捕获它；如果对方的思想像鱼一样遨游于深渊中，我可以用钓钩来诱捕他。然而如果对方的思想像龙一样，乘云驾雾，无影无形捉摸不定，我就没法去追逐和捕捉他了。我见到的老聃，思想境界就像遨游在太虚中的龙，使我瞠目结舌说不出话来，弄得我心神不定，不知道他到底是人还是神啊。"

老聃满腹学问，很有远见卓识，晚年的时候他对统治者的腐败和淫乱越来越厌恶，他深知当时的社会条件无法实现自己的理想，于是就辞掉了职务，骑着青牛向西走去，在西行的路上经过函谷关时，关令尹喜盛情地款待了他，并请求老聃将其学问写成一本书留给世人。于是老聃就坐下来写了一本《道德经》，全书大约五千多字。写了这本书后老聃就骑牛出了关，此后就再也没有人能知道他的下落了。

2. 孔丘孜孜不倦

公元前551年，鲁国（今山东曲阜）一个力大无比的武官叔梁纥的妻子颜征生下了一个孩子，这个孩子长得怪异难看：他鼻孔朝天，牙齿暴露，头顶凹陷仿佛像是一座山丘。父亲看着孩子的样子，便给他取名孔丘，字仲尼。

三年以后，叔梁纥病死了，孔丘与孀居的母亲开始过上了清贫的生活。

传说，孔子年少而好礼，有一年的秋天，乌云滚滚，寒风嗖嗖，落叶从树上纷纷飘下来，随风翻飞。这时，年少的孔丘正聚精会神地在窗下读书，由于天气太冷，他又穿着单薄的衣服，不时地搓着手。坐在一旁的母亲心痛地说："孩子，歇一会儿吧！"

"好啊！"孔丘答应着站起身，拿起放在桌旁的俎豆（当时行礼用的器具），不声不响地出了屋门。

母亲忙说："孩子，外面风大，天又这么冷，眼看就要下雨了，你不要到院子里去玩了吧。"孔丘一脸正色地回答："不是啊，母亲，我这是在祭祀神灵，行大礼呢！"

"你行大礼干什么呢？"母亲问他。

"如果我现在不学好礼仪，长大就不知道怎样做人了。"

母亲听了孔丘的话，惊讶得说不出话来。

在一个礼崩乐坏的年代，孔丘的举止确实是不同凡响的。

随着年龄的增长，孔丘开始学习《诗》、《书》、礼、乐等知识。

他曾向老聃学习周礼，向苌弘学习乐谱，他还向鲁国乐官师襄子学琴艺。一次，孔丘弹一支曲子，他一连弹奏了十多天也不调换。师襄子建议他换个曲子，孔丘说："我已经熟悉这支曲子了，但还没有领悟它的技术。"过了些时候，师襄子说："您已经掌握了弹奏这支乐曲的技术，可以弹别的了。"孔丘说："我还没有领悟它的用意。"又过了一段日子，孔丘仍在弹那支曲子，师襄子不耐烦地说："您已经了解它的用意，可以换换曲子了。"孔丘说："我还没有领悟它描写的人物形象呢。"又过了一些时候，孔丘终于停下不弹了，他默然有所思，向远处眺望，说："我可能领悟到了，这人又高又大；皮肤很黑，眼睛向上看，好像要统一四方，好像是周文王吧！"师襄子听了非常震惊，说："这支曲子就叫做《文王操》啊！"

孔丘孜孜不倦地在求学道路上探索和进取，他向名人学，也向平民百姓学习，他曾说："三人行，必有吾师。"

孔子称自己"三十而立"，三十岁时他办起了私学，招收了很多学生，据说前后大概有三千多人。孔子招学生不分贵贱，所以入学的学生有贵族子弟，也有平民子弟，有鲁国境内的青年，还有鲁国以外的学子。孔子培养学生有一套独特的方法，循循善诱，成效显著，他

的学生中，精通六艺的得意门生就有七十二人。这些学生都成了远近闻名的贤德君子。

作为儒家学说的创始人，孔子的学术以礼仪为规范，以仁爱为根本，他想培养出品学兼优的道德君子，并希望国家的政权掌握在这些文化人的手中。孔子的道德学问像高山一样使人景仰，像大路一样导人遵行。

孔子在教育上是成功的，但在仕途上却屡屡碰壁。他曾出任过鲁国的司寇，但终因得罪国君而丢了官，他伤心地带着学生离开了鲁国。

公元前498年，为能寻到一块实现自己抱负的乐土，孔子开始周游列国。期望能遇到一个贤明的国君，以便施展自己的才华。但是他的满腔学问和治国主张，没有人感兴趣，用他自己的话来说，犹如丧家之犬，受到驱逐。他游历了整整十四年，历经磨难，仍无结果，只得返回鲁国，这时他已六十八岁了。

晚年，他整理《诗》、《书》，并编撰了一部名叫《春秋》的编年体史书。

公元前479年的初春，孔子病倒了。一天清晨，他挂着拐杖，站在门口低声唱道：

"泰山要倒，梁柱要断，哲人也像草木一样，要枯，要烂啊！"

他的学生见后赶快扶他上了床。从这一天起孔子不发一言，不进水米，七天后他离开了人世。

孔子死后，他的弟子将他的言论编成了一部名叫《论语》的著作。在接下来的几千年里，他的思想得到了广泛流传并且长久地主宰了中国人的生活。

3. 孙武兵法传世

《孙子兵法》是一部举世公认的伟大兵书，很多国家的将军们甚至称它为"世界第一兵书"，把它作为培训军官的必读教材。《孙子兵法》早在公元七世纪就传到了日本，18 世纪又被翻译成英、法、德、捷克、俄等语言在世界各国流传。直到今天，这本书仍然极受重视。海湾战争期间，多国部队的将领们制定战争计划时还把它作为参考读物。

这本书的作者孙武，生于春秋末期齐国的一个军事世家。孙武从青年时代起就多次参加诸侯间的征战，积累了丰富的战争经验。后来他来到吴国，写下了十三篇兵法。

当时的吴国常常遭到楚国的侵扰。吴王阖闾很想打败楚国，解除外侮。楚国有一个叫伍子胥的谋士，哥哥和父亲都被楚平王杀害了。伍子胥带着满腔仇恨逃到了吴国，把善于用兵的孙武推荐给吴王。吴王看完孙武的兵书后，立即召见孙武。见了孙武，吴王故意刁难他说："我很佩服先生的学问，不知先生能不能训练出一支女兵队伍来？"

"当然能！"孙武自信地回答说。

吴王不信，就从后宫叫来一百零八个宫女，要求孙武把她们训练成一支能征善战的部队。孙武马上开始训练这支队伍，他将宫女分成两队，挑选了两名最受吴王宠爱的宫女做队长。然后把操练的内容和方法详细说了一遍，接着宣布了军队的纪律，最后他问："你们记住了吗？"

"记住了！"宫女们回答。

于是孙武向她们发出了操练的口令。可宫女们听了口令后都嘻嘻

哈哈地笑了起来。原来她们并没有把孙武的话当回事，他说的话她们一句也没记住。孙武又把刚才的话重复了几遍，然后第二次发号施令。这回宫女们笑得更厉害了。

孙武不再多说，命令左右把两个队长拉下去斩首。吴王大惊，忙派人替两队长说情，可孙武还是把她们斩了，另选了两名宫女做队长。这样一来，宫女们知道军令是怎么回事了，在接下来的训练中不敢再有丝毫马虎。训练结束后，孙武报告吴王说：

"队伍训练好了。现在只要大王一声令下，前面就算是火坑，她们都会奋不顾身地往前冲的。"

吴王十分佩服孙武的才干，请他做了将军，负责练兵伐楚。

伍子胥报仇心切，天天来催孙武出兵伐楚。当时楚国的兵力有二十万，而吴国不过四万。力量对比悬殊，怎样才能使四万人马发挥最大的效能呢？孙武把军队分成三支，轮番侵扰楚国边界，等楚军一迎击，他们马上就撤退。而楚军刚回去休整，吴军又前去骚扰，搞得楚军整天提心吊胆，疲惫不堪。

吴王和伍子胥了解到这个情况后，要孙武乘机进攻楚国，但孙武不同意，他认为要有战必胜，攻必克的把握才能出兵，而现在的时机还不成熟，必须耐心等待机会。

终于，机会来了。这一年，楚平王死了，楚昭王即位，把大权交给了宰相子常。子常经常向周围的小国勒索钱财，这些小国十分讨厌他，请求吴国庇护他们。孙武立即建议吴王出兵楚国，吴王任命孙武为大将，伍子胥为副将，征讨楚国。孙武果然用兵如神，大败楚军。

孙武的智慧不仅表现在用兵上，也表现在处世上，他认为居功自傲必招来灾祸。为吴国立下大功后，他谢绝了高官厚禄，回到了故乡齐国。他走后不久，吴国的很多功臣果然死于国内的政治斗争。

4．墨翟严以律己

墨翟是战国时期的思想家，他出生在鲁国一个没落的贵族家庭，墨翟的父亲勤劳而俭朴，他很小就教育墨翟要勤俭节约，不要铺张浪费。有一次，吃晚饭的时候，墨翟给自己盛了很多的米，结果他没有全部吃完，父亲于是教训他说："你应当从小就要学会俭朴，要时刻要求自己做到量腹而食，度身而衣。"

墨翟很惭愧地说："我知道了，我一定会做到的。"

从此墨翟就时刻要求自己生活俭朴，这成为了他后来思想的一个组成部份。

墨翟很小的时候就接受了儒家的教育，老师教他六艺：礼、乐、射、御、书、数，而墨翟对后四项尤其感兴趣。因为这几项能够促进人的动手能力。墨翟的老师也很着重培养墨翟的这方面的能力，他经常带墨翟去参观工匠们的作坊。有一次他带墨翟去了染布坊，他让墨翟观测布匹是怎样染成的。墨翟对工匠们的劳作很感兴趣，当他看得聚精会神时，他的老师说："看到了吧，这些丝绢本来都是雪白雪白的，把它们放进黑色的染料中，就变成了黑的；把它们放在了黄色的染料中，就变成了黄色的。"

墨翟说："丝会跟着染料的颜色来变化，是这样的吗？"

老师说："是啊，做人的道理和染丝一模一样，所不同的是，丝是被人放进染料的，如何做人则完全是自己作出选择啊！"

墨翟明白了老师的意思，就更加严格要求自己了。当他后来成为思想家收了门徒后，他也经常用这个例子来教导自己的学生。明白道理之后，墨翟就愈发地用功读书了，他博览群书，尤其喜欢看春秋列

国中的人物故事，像伊尹、勾践就是他很喜欢的人物。

后来他的一个学生不解地问："伊尹以前是做奴仆的，您怎么会喜欢他呢？"

墨翟说："人都是平等的，一个人不管是平民还是奴隶都应当有做官的机会。伊尹虽然做过奴仆，但他的才能早已超过了一般的公卿啊。"

墨翟一生都非常喜欢看书，三十多岁时，他开始四处云游，当他南游到卫国去的时候，车中带了很多的书籍，他的学生弦唐子问他说："先生出门为什么要带这么多书呢？"

墨翟说："过去周公当政时，日理万机，每天早晨还要读很多书籍，晚上还要接见很多读书人。我现在没有什么公务在身，怎么敢不读书呢？"

墨翟除了学术渊博，思想深刻，还非常精通于机械制造。他曾经做了一只会飞的木鹰，在天上飞了三天三夜还没有掉下来。当人们赞叹他的手艺高超时，墨翟说："这不算什么，我还有更绝的，没表现出来呢。"

墨翟的一生都在行动中，他除了参与日常的劳作和手工制作，他还四处推行他的思想。墨翟提倡兼爱，很多人反对他的这一主张，有个叫巫马子的人对墨翟说："你倡导兼爱思想，并没有使人得到实惠；我主张不爱别人，也没有给人们造成危害。这不是一样的吗？你为什么要自以为是地攻击我呢？"

墨翟说："有个地方失了火，一个人主张取水要浇灭它，一个人却主张拿来柴火想使它着得更旺。虽然两个人一时并没有付诸于实际行动，造成的影响却是不一样的。"

墨翟主张非攻，反对战争，当他听说鲁班为楚国做云梯，准备攻打别的国家时，他就去拜见鲁班说："我特意来请你杀掉一个侮辱我

的人。"

鲁班生气地说："我为人慈善，怎么会帮你杀人呢？"

墨翟说："你在为楚国的军队做云梯、战车、攻城武器，让楚军攻城略地，杀害其他国家的人民，这岂不是比杀一个人更严重吗？"

鲁班明白了，表示不再为楚军做事了。墨翟除了制止战争还四处推广他的学说。有一次，他去宋国，宋王问墨翟，"你认为现在危害最大的是什么？"

墨翟说："国家之间相互征战，家庭之间相互不和，人与人之间相互欺诈。"

宋王说："怎样才能解决这些问题呢？"

墨翟说："要实行教育，让大家认清共同的利益，兼相爱，勿相害。"

宋王说："你还能讲得更具体一些吗？"

墨翟说："有力量的要以力帮助他人，有财产的要以财物帮助他人，有学问的要以道理帮助他人。如果人们都这么去做了，天下还愁不太平吗？"

虽然墨翟通过推广他的学说为制止战争作了很大的努力，但是，没有一个国家对他的学说真正感兴趣，几千年过去，战争依然发生，而且越演越烈，这不能不说是人间的一种悲剧。

5. 孟轲虚心求教

常言道，"乱世出英雄"。在大多数人心目中，乱世英雄也就是骁勇善战的将军。将军既骁勇善战，不打仗岂不是技痒难耐，于是免不了指挥千军万马杀个血流成河。这河里的血多半是老百姓的，几个将军的血是成不了河的。其实，乱世也出另一种人，这种人和将军们正好相反，他们总是想方设法阻止战争，让老百姓过点安稳日子。战国时期的孟轲算得上这种人的代表。

战国是够乱的了，当时列国争雄，纷纷恃强凌弱。孟轲却在这种时候跳出来，说不要打了，应该让老百姓休养生息。在那个崇尚武力的时代，说这种话未免有点不识时务。不过孟轲自有他的道理，他在考察了夏、商、周三代兴亡的原因后，认为统治者能否得天下，关键在于"仁"与"不仁"。仁，就能得民心，得民心就能得天下。用他的话说，就是"仁者无敌"。

那么，到底怎么个"仁"法？孟轲认为，统治者在花天酒地、寻欢作乐之余，也要考虑一下老百姓的死活，让他们有点小产业，最好能达到小康，达不到至少也让他们混个肚圆。他说这叫"制民之产"。老百姓没有自己的产业，就不会安心过日子，不安心就会捣乱。

和"制民之产"相配套的是"取于民有制"。说白了就是要统治者搜刮百姓时不要刮得太干净，给他们留点过夜的余粮，好让他们有个盼头，不至于造反。要知道民以食为天，天都没了，不和你玩命才怪！他还提了个具体的建议，说最好恢复周朝的"二十税一制"，也就是说老百姓种出二十个玉米棒子，拿他一个就行了，挖出二十个红薯也挑大的拿他一个，喂肥了二十头猪宰他一头，由此类推。

孟轲一辈子都在统治者和老百姓之间周旋，既想让统治者保住江山，又想让老百姓保住饭碗。他认为，对国家而言，老百姓比统治者更重要。他深知民间疾苦，因为他从小就体验过贫民生活的艰难。

孟轲本名孟轲，出身于邹国（今山东邹县）的一个贵族家庭。不过他三岁的时候，父亲就去世了，实际上过的是老百姓的日子，母亲必须靠织布来维持家用。

孟母是见过世面的人，知道儿子将来要想有点出息，必须好好读

书才行，因此总是督促他学习。小孟轲也的确爱学习，不过他逮着什么学什么。他家附近有一片坟地，经常有人在那里埋死人，小孟轲就学着别人哭死人，还和小伙伴玩埋死人游戏。孟母不希望儿子成为一个哭死鬼，就把家搬到了离坟地很远的地方。

孟轲的新家靠近市场，他很快又学人家做生意，时而扮成屠夫，杀泥巴捏的小猪；时而扮成卖菜的小贩，和想象中的买主讨价还价，争得面红耳赤。孟母只好再一次搬家。这一次，她把家搬到了一所学校旁边，不出门就可以听见读书声。于是孟轲就学着学生们的样子读起书来。他本来就聪明，没多久，之乎者也张口就来。

孟轲青年时到了鲁国，在孔子的孙子子思门下学习，接受了很多儒家思想。后来，他的学问和名气越来越大，人们都说他是孔子的继承人，他自己也这么认为。他决定像孔子一样周游列国，宣传他的"仁爱"主张。

孟轲周游列国，各国的国君对他都挺客气，毕竟是名人嘛。齐国的国君还让他当了卿相。不过客气归客气，"仁爱"的主张却基本上不予采纳。乱世中的每一个统治者都会想，你叫我不打仗，那别人打我怎么办？你叫我"取于民有制"，这道理其实谁都懂，也就是不要杀鸡取卵，可是天下这么乱，我不多收点税，谁给我出军费？二十个地瓜我才拿一个，我不喝酒啦？不吃肉啦？那么多女人不养活啦？

孟轲到了晚年，知道自己的政治理想无法实现了，就从齐国辞官回乡，以教书为业。他认为每个人生下来都是好人，但如果生在一个坏的环境里，就可能变坏，因此他非常重视教育。孟轲虽然没有在有生之年实现理想，但他极大地发展了儒家学说，并对后世产生了深远的影响，被后人尊为"亚圣"，地位仅次于儒家学派的创立者"孔圣人"。

6. 庄子看淡生死

战国时候的某一天，魏王上朝的时候，来了一个衣着古怪的人，他身上穿着很旧的粗布衣服，上面还补了好几个补丁，脚上穿很旧的鞋子，鞋帮和鞋底都快要分开了，只用一小段麻绳把鞋底和鞋帮捆到一起。魏王看见来的人衣着破旧，就十分诧异地说："先生，您怎么弄得如此疲惫呢？"

来人从容不迫地说："魏王，我这是贫穷，而不是疲惫。"

"那先生所谓的疲惫与贫穷又有什么区别呢？"魏王奇怪地问。

那人回答说："一个人如果心中没有自己的理想，生活在失望中，那样才能说是疲惫。像我仅仅是衣着破烂，只能说是贫穷，因为我有自己的生活理想。"

魏王又问道："既然您有自己的理想追求，怎么会搞得如此贫穷呢？"

那个人仰起头来说："我的贫穷不是我造成的呀，而是要归根于这个民不聊生的战乱时代。大王难道没有见过那善于腾跃的猿猴吗？它们在树林中玩耍时，就非常的敏捷，而且怡然自得，可是等到它们在带刺的灌木丛中时，它们就行动谨慎，并且因畏惧而战栗了。这并不是因为它们的筋骨不像先前那么灵活，而是因为它们所处的形势不利，不足以施展它们的本领，现在的这个年代，远胜于猿猴们所碰到的荆棘。我生活在这样的乱世而想要不贫穷，怎么可能呢？"

魏王沉默良久，无话可说。这一位生活贫困而又怡然自得的人，就是庄子。

庄子姓庄，名周，大体生活于战国中期。他出生在宋国蒙县一个

没落的贵族家庭，少年时在蒙县的一位章老先生办的私塾中学习儒家经典。每天放学后回家时，庄周一路上都能看到荒芜的土地，由于各国之间战争频繁，农民们很多都被抽去当兵，村子里剩下的大多是老弱病残的人，所以田野里经常冷冷清清。每当看到这些景象，庄周心里十分难过，于是他在学校问先生："您所谓的那些士人，的确是满腹经纶，开口孔子，闭口尧舜。可是他们做官之后，又有几个不是与那些昏庸的君王们同流合污而危害百姓呢？他们所学的那些仁义礼智对老百姓有什么好处呢？"

他的先生不知如何回答，只好说："自孔子以来，人们都认为仁义礼智是好的，这是不容置疑的"。

庄子对老师的回答感到很不满意，他渐渐地对私塾中所学的东西产生了怀疑，以后他就开始自己找书来看，遇到不懂的地方就通过自己的思索来做出解释。除了看书，庄周还常常细致地观察生活中的各种事物，他留神小虫子如何打架，看蚂蚁怎样合力搬运食物，有时他就躺在野外的草地上，望着翩翩起舞的蝴蝶出神。这一切让庄周觉得十分有趣，通过对万物细致的观察与思考，庄子渐渐的开始有了自己的思想。

由于生活贫困，庄子只能穿粗布衣服，每天靠吃些粥和野菜等勉强填饱肚子。这使他面黄肌瘦，衣裳破旧。他曾经贩卖过栗，织过草鞋。二十多岁的时候，为了阔大视野，他开始四处远游，他曾到过楚、魏、鲁、赵等地。为了谋生，三十多岁的时候，他在蒙邑出任过漆园吏。可是没干几年他就辞官回到了蒙县。楚威王听说庄子才学很高，就派人去见庄子。使者送上厚礼并讲明来意说："我们的大王派我来请先生去做楚国的国相。"

庄周说："千金的确是笔大钱；卿相也是非常尊贵的地位！可是你就没看过祭祀时用的那些牛吗？人们用很好的食物来喂养它，并且

还给他披上美丽的锦绣，为的是有一天牵进太庙去做祭品呀。我是不会到楚国去为官的，你们还是走吧。"

使者仍不死心，劝他说："先生，您再想一想吧，这可是个多少人梦寐以求的职位啊！"

庄子不耐烦地摇摇头说："你还是赶快走吧，不要污辱了我。我宁愿像乌龟一样在池塘里快乐，也不愿意受别人的约束。我所追求的是自由与快乐啊。"

庄周拒绝了使者，继续专心研究他的学问。随着他阅历的增长，庄周的学说越来越丰富，逐渐地形成了体系。与战国时代其他思想家一样，庄子既讲学也著书，他思维敏捷，才华横溢。对当时的各种学说都作过探索与批判，他主张人应当像"道"一样，不求功名，他认为人的一生要超然物外，甚至于对生死也不必太在意。庄子的妻子死了后，他的朋友惠施去吊唁，看见庄子正在那里盘着腿，敲着瓦盆唱歌，惠施说："你这人真是不近情理，你妻子死了还有心思在这里唱歌。"

庄子说："人的生死不过是一种自然而然的事情，现在我的妻子已经安然于天地之间了，我若痛哭，岂不是打扰了她的安宁。"

庄子写的文章后来由门徒整理成了《庄子》一书，这本书不仅思想深刻，而且文笔非常优美，是我国古代不可多得的一部经典作品。

7. 王充勤奋好学

王充八岁那年，父亲就把他送到书馆里念书去了。书馆里有一百多个学生，老师对那些调皮的学生和背不出书来的学生，总是用打手心抽鞭子来惩罚。在这个书馆里读书的学生几乎都挨过打，惟独王充是一个例外，他因为勤奋好学深受老师喜爱。

十五岁那年，王充被送到京城洛阳的最高学府去当少年太学生，在太学里，他的老师是班超的父亲班彪，他跟着班彪读了许多古书，班彪很喜欢王充，所以也很愿意指点他，很快他便成了太学里的高材生。王充成为太学里的高材生，不仅是因为他肯下功夫，最主要的是他喜欢动脑筋，而不像其它同学一样喜欢死记硬背，他是理解以后才去背诵这些课文，所以他就比别人背得快背得好。

王充后来在家乡的学堂里教书的时候，每一次讲课他都要求学生多动脑筋，多独立思考，不要认为圣人的话每一句都是对的。

王充太学毕业以后，就回到了家乡，回家以后，那里的地方官认为王充很有学问，于是便请他去当官，王充那时正年轻，也很想有所作为，于是便在会稽郡（现在的浙江省）做了太守的秘书。有一年大旱，农民们连饭都吃不上，可是官府里还是大吃大喝，而且还用粮食来酿酒。王充看不惯官府里的这些行为，就辞了官职，回家教书去了。

王充在家乡除了教书以外，开始写《论衡》这本书，这本书用去了他三十多年的时间。那时候因为科学不发达，人们非常愚昧，他们认为天底下的许多事情都是上天安排的，地上长出来的五谷和他们穿的衣服，都是上天赐给他们的。统治者也喜欢向老百姓灌输这个观点，他们这样愚弄百姓的目的，是为了维护他们的统治。他们说上天看见国君干了好事，就用风调雨顺、五谷丰收来表示对国君的赞赏。发现国君干了坏事，就会冬天打雷，夏天下雪来加以惩罚，如果这个时候国君还不醒悟的话，上天就会安排别的人来替换国君。

王充觉得这个观点实在太荒唐，所以他决定写一本书来驳斥这些荒谬的观点。王充认为天不是神来统治的，而是由大气构成的，天和地结合在一起，万物就会生长出来。人类发现五谷可以吃，于是便吃五谷，发现丝麻可以做成衣服穿，于是便把它织成布做成衣服穿在身上。这一切根本都不是上天安排的事情。在《论衡》里，记录了王充的许多进步思想，有助于人们客观地认识和了解世界。

8．蔡伦立志造纸

蔡伦生活在东汉时期，有一年他的家乡桂阳（在现在的湖南省）发生了蝗灾，金黄色稻田一时间变成了光秃秃的一片。接下来便有人饿死，为了求一条生路，蔡伦的父母把蔡伦卖给了一个人贩子，后来这个狠心的人贩子把蔡伦卖到皇宫做了太监。

在宫廷里，蔡伦非常想家，常常独自一人悄悄地哭泣。有一天，他正在墙根下哭泣，被一个老太监发现了，这个老太监很同情蔡伦的遭遇，后来，在发现他谦虚好学之后，这个老太监开始教他念书。每一次这个太监给他抱书来的时候总是累得气喘吁吁的，因为那时候还没有纸，人们都是在竹简上写字，写一本书往往得用上几大捆的竹简才能写完。蔡伦觉得这样搬起来太不方便，就问老太监：“不能用比竹简更轻便的东西来写书吗？”

“当然可以呀！人们还用纺织出来的帛来写字，可是帛太贵了，一般人是用不起的。”

难道没有比布帛更便宜的东西？蔡伦想。

但是蔡伦只是一个小太监，只能想想而已，没有机会去实验。后来因为努力读书，蔡伦成了一个很有学问的人，皇上见他聪明又勤快，就让他做了一个主管制造宫廷用品的官职。

有一年，蔡伦带着几个随从，到宫廷外的作坊去，为皇帝监制几把宝剑。在作坊里，他看到了打铁、刨木和制衣的程序。他对什么都很感兴趣，在作坊里他还看到了帛的制作过程，光滑的帛给他留下了深刻的印象，也使他想到自己要制造的纸。这一次出宫办事，让蔡伦增长了不少见识，同时他也得到了皇帝的赏识，因为他监制的几把宝剑让皇帝很满意。蔡伦看皇帝高兴，于是便提出了自己想制造纸的想法。皇帝便一口答应了下来。

得到皇帝的批准以后，蔡伦便把裁帛制简的工匠们召集了起来，让他们找来一些麻和一个大石臼。然后把麻放在大石臼里，加上水捣成了浓稠的液体。蔡伦把这种液体舀到水缸里，再把一块布浸下去，接下来把布拿起来，布上便留下了一层薄薄的纸浆。他把布放在太阳下晒干，等到布干了以后，蔡伦用手轻轻地一揭，就得到了一张纸。他找来笔和墨，试着在纸上写字，可是纸太粗糙，墨迹有的地方浓有的地方淡，效果不是很好。这时，一个工匠建议用鹅卵石把纸压光滑。蔡伦按照这个工匠的建议去做，效果果然不错。就这样，蔡伦和工匠们制出了第一批纸。

没多久，他们找到的麻都用完了，于是有人建议：

"破鱼网也是麻做的，我们也可以用它来制造纸。"

"破布也可以试试！"

"树皮没准也能行！"

蔡伦听取了工匠们的建议，先后找来了这些东西，大家一试验，还真行，经过蔡伦和工匠们的反复试验，他们总结了很多经验，造出来的纸越来越好，最后他们选出了一批上好的纸献给了皇帝。

皇帝万万没有想到，用麻头、破布、树皮还能造出这么好的东西出来，他非常高兴。蔡伦的造纸术很快传播开了，没多久，大大小小的造纸坊便纷纷建立起来了。因为蔡伦造纸有功，皇帝便封他为龙亭侯，人们也把他监造出来的纸叫做"蔡侯纸"。造纸术后来传遍了全世界，大大推进了人类文明的进程。

9. 诸葛亮隐卧隆中

诸葛亮是三国时著名的政治家和军事家，在中国人的心目中，诸葛亮这个名字是和智慧联系在一起的。

诸葛亮是琅琊阳都（今山东沂南）人，从小就失去了父母，跟随叔父诸葛玄到了襄阳。叔父去世后，诸葛亮和弟弟一起来到隆中卧龙岗，一边种田一边读书。年轻的诸葛亮博览群书，喜欢钻研学问，积累了丰富的知识。他在隆中结交了不少渊博学者，经常同他们一起游玩、交谈。诸葛亮对自己的能力非常自信，常自比历史上的杰出政治家管仲、乐毅，渴望在当时群雄割据的局面中施展才华。

诸葛亮二十七岁那年，遇到了小军阀刘备。刘备当时处境困难，但待人诚恳，很有抱负。因此诸葛亮第一次同他见面便谈得很投机。诸葛亮向刘备提出了先在荆州立足，再占益州，和孙吴及南方蛮夷结盟，抗拒曹操的战略方针，这就是有名的隆中对。刘备听了诸葛亮的高论，为其才智所折服，便请诸葛亮出山辅佐自己。诸葛亮便离开隆中，做了刘备的军师。

公元208年，曹操率大军南下，准备统一南方。东吴孙权想联合刘备共同抗击曹操，诸葛亮很高兴，就去了东吴。东吴阵营中有主战派，也有主降派，诸葛亮当着东吴孙权的面舌战群儒，用激将法，使孙权下决心抗击曹操，结成了孙刘联盟。在接下来的赤壁之战中，孙刘联军利用火攻大败曹军，这一仗为刘备在南方立足和后来三分天下奠定了基础。

赤壁之战后，刘备取得了荆州，后来，诸葛亮又帮助刘备取得了益州。

公元221年，刘备在成都称帝，建立蜀国，诸葛亮做了丞相。诸葛亮赏罚严明，限制豪强势力，兴修水利，屯田汉中，发展农业生产。诸葛亮对统一开发中国西南做出了很大贡献。刘备死后，刘禅继位，诸葛亮操持着全国军政大事。

建蜀初年，蜀国南部少数民族发生叛乱。诸葛亮亲自率兵去南方平定叛乱。诸葛亮善于用兵，七次擒获叛王孟获，但他每次都放了孟获，最后使孟获心悦诚服，安心归蜀。

诸葛亮一直没有忘记统一中国的愿望。公元227年，诸葛亮向刘禅上了《出师表》，安排好内政，出兵北伐。蜀军进军顺利，后来由于派马谡守街亭，导致街亭失守，蜀军被迫撤回。为严明军纪，诸葛亮挥泪斩了马谡，并自贬三级。后来，诸葛亮又多次北伐，但都因种种原因，未能成功。

北伐虽然未能成功，但诸葛亮却把蜀国治理得井井有条。诸葛亮善于发现人才，也善于培育人才，他大力发展教育，设立太学。诸葛亮厉行节俭，反对奢侈，他注重发展农业生产，鼓励种桑养蚕织锦，促进了社会经济的繁荣。

公元234年，诸葛亮第六次北伐，他率领十万大军，占据武功，在五丈原扎营，与魏军在渭水两岸形成对峙局面。由于司马懿采取坚守的方针，在速战不成的情况下，诸葛亮令士兵屯田，准备长期坚持。8月间，诸葛亮积劳成疾，病逝于五丈原军中，终年54岁。

诸葛亮临终时，将国事托付给蒋琬，将军事托付给姜维和杨仪，并留下退军密计，导演了一场"死诸葛吓退活司马"的好戏，使蜀军安全撤回。

诸葛亮的一生是奋斗的一生，真正做到了他所说的"鞠躬尽瘁，死而后已"。诸葛亮死后安葬在定军山，被封为"忠武候"，后又被历代皇帝加封褒扬。

10. 陶渊明隐归田园

陶渊明名潜，字元亮，生于浔阳柴桑（今江西九江）的一个官宦之家。他的曾祖父陶侃是东晋的开国元勋，因军功显赫而官至大司马，总督八州军事。他的祖父也当过武昌太守。然而，到陶渊明出世的时候，他们陶家已经家道中落，无复当年了。少年时代，陶渊明好学深思，读了大量书籍，并从儒家学说里接受了出仕思想，希望大济苍生。

陶渊明的一生中有好几次为官的经历，然而每一次都因为适应不了官场上虚伪的应酬拂袖而去。陶渊明在二十九岁那一年第一次出门做官。任一个祭酒的官职，他的上司是王羲之的儿子，仗着贵族出身，没有什么真本事，还迷信一种奇怪的道教，整天忙着炼丹服药，想长生不老。陶渊明看到这样的情况，觉得这样的人不能管理国家的大事，而在这种人的手上任职实在大挫雄心，于是没过多久他就提出了辞呈。

回家以后陶渊明潜心读书，并在自己住的房子前边栽了五棵柳树。他经常在柳荫下面读书。他读书的范围很广，诸子百家，诗词歌赋百读不厌。读到高兴的地方，连饭都忘了吃。他的院子的围墙残破，到处长着野草。可他精神总是那么愉快。在那段时间陶渊明写了一篇《五柳先生传》，把自己的生活和理想写得如天空中飞翔的鸟一样自由自在。

读书自然愉快，可因为没有经济来源，生活越来越贫困了。

一天，陶渊明的叔叔来看他。发现他家里一贫如洗，五个子女都饿得骨瘦如柴。叔叔很心痛，语重心长地劝陶渊明，应该去谋个一官半职，好养家糊口。这不是为自己，而是为了妻子儿女谋生。

陶渊明叹了一口气，点点头。地方官知道了，就推荐他去彭泽县

做县令。彭泽县在现在的江西省，距离他家很远。他把妻子儿女留在家里，自己背井离乡来到彭泽县。当时陶渊明已经四十岁了。他怕家里妻子儿女生活艰难，就花钱雇了一个小伙，到家里帮助做一些田里的农活。他望着跟自己长子一样大的小伙子，不由得生出同情怜爱之情，于是写了一封家信，让小伙子带回家里。他在信里对他的长子说，你要像对待自己的亲兄弟一样对待这个小伙子，不可摆主人的架子，决不要欺负他。

这一次，陶渊明出外才作了80天县令，但最终还是因为他厌恶官场的腐败生活而决心归隐，回到家里，妻子和孩子虽然非常高兴，但还是觉得很意外。但他为自己毅然辞官而自豪，于是提笔写了一首著名的诗篇《归去来兮》：

归去来兮，田园将芜胡不归！

实迷途其未远，觉今是而昨非。

他在这篇著名的诗篇中，表示决不再去做官，而要在农村住一辈子，好好种地。还有一首《归田园居》的诗，也表达了他热爱田园生活的思想。

少无适俗韵，性本爱丘山。

误落尘网中，一去十三年。

羁鸟恋旧林，池鱼思故渊。

开荒南野际，守拙归园田。

方宅十余亩，草屋八九间。

榆柳荫后凉，桃李罗堂前。

暧暧远人村，依依墟里烟。

狗吠深巷中，鸡鸣桑树颠。

户庭无尘杂，虚室有余闲。

久在樊笼里，复得返自然。

他的作品表现了很高的气节，表现了作者对当时社会的不满以及对理想社会的追求。陶渊明热爱劳动，热爱乡村，陶醉在美丽的田园风光之中。和农民一样，心甘情愿地过着艰苦的生活。他在一首诗里写道：

> 种豆南山下，草盛豆苗稀；
>
> 晨兴理荒秽，带月荷锄归。
>
> 道狭草木长，夕露沾我衣；
>
> 衣沾不足惜，但使愿无违。

陶渊明流传于世最著名的作品，是《桃花源记》。千百年来一直被人们传诵。他叙述了一个虚构的故事。虚拟了一个远离尘嚣的仙境般的村舍田园，文章中寄托了他对宁静淡泊的隐逸生活的向往和迷恋。

作为文学史上最成功的隐逸诗人，陶渊明的诗文在当时并未引起人们的关心，南北朝时期的诗评家钟嵘在《诗品》中才读到他的作品，但是未得到应有的评价。

真正有价值的作品是不会永被埋没的，陶渊明的作品到了唐朝，却开始大放异彩，几乎所有的大诗人都对他的作品感到倾慕和崇拜。从此，他逐渐成了中国文学史上地位最为显赫，影响最深远的文学大家之一。

11. 祖冲之善于思考

祖冲之是南北朝时期著名的科学家，他在天文、数学、机械、音乐和文学等领域都取得了很高的成就。他是世界上第一个计算圆周率到小数点后七位的人。人们为了纪念他，把月球背面一座很大的环形山命名为祖冲之山，此外，还把一颗小行星命名为祖冲之星。

祖冲之生在一个科学气氛浓厚的家庭里，他的爷爷是朝廷里负责建筑工程的官员，对数学、天文都有一定的研究。十几岁的时候，爷爷带他拜著名天文学家何承天为师。在老师的指点下，祖冲之掌握了很多科学知识。更可贵的是，祖冲之从小养成了独立思考的习惯。

有一年8月29日，天上出现了日食。祖冲之感到很奇怪，按当时的历法，日食出现的日期是九月初一，这件事使祖冲之对历书的准确性产生了怀疑。从此，他常常拿历书和实际天象进行比较，几年后，他得出结论：历书里有很多错误！他决心编一部更准确的历法。当时通用的历法是他的老师何承天编的"元嘉历"，这部历法是何承天历时四十多年才编成的。

祖冲之打算重编历法的时候，何承天刚去世不久。有人认为祖冲之重编历法是对老师的不尊重。祖冲之说改正老师的错误并不等于不尊重老师，老师在世的话也不会反对。后来祖冲之在南徐州当了管理财政的官员，尽管公务繁忙，但他还是坚持每天观察天象。当时珠算还没有出现，计算的工具是一种叫筹的小棍，祖冲之遇到复杂的计算时，常常把筹摆得满地都是。十几年过去了，祖冲之终于编成了一部更准确的历法。

祖冲之向宋孝武帝呈了一道奏章，希望他同意施行新的历法，但宋孝武帝对历法毫无兴趣，他叫祖冲之去找大臣们商量，如果大臣们没有意见，就用新历法。皇帝的宠臣戴法兴对祖冲之没有好感，就对皇帝说，祖冲之一个芝麻小官竟然胆大妄为，破坏前人留下来的规矩，建议皇上不要采纳新历法。别的大臣惧怕戴法兴的权势，都不敢为祖冲之说话，施行新历法的事就被搁下了。过了两年，一个叫巢尚之的大臣看了祖冲之的历法，发现确实比旧历要精确，就劝皇上采用。宋孝武帝同意了，可是还没等新历法颁布，他就死了，于是施行新历法的事又不了了之。直到祖冲之死后十几年，新历法才被采用。因为新

历法是在宋孝武帝大明年间编成的，所以又叫大明历。

宋孝武帝死后，祖冲之被革了职。没有了公务的牵制，祖冲之在家专心研究起数学来。他在数学方面取得了很大的成就，他和儿子一起得出了计算球体积的公式；他对圆周率进行了周密计算，得出结论：圆周率在 3. +76mml5926 和 3. +76mml5927 之间。祖冲之是世界上第一个计算圆周率到小数点后七位的人，他的研究成果比西方人早了一千年。后人把他得出的数值称为祖率。祖冲之把自己在数学上的研究成果写成一本叫《缀术》的书，这本书一度成为学者的必读书籍。《缀术》还流传到了朝鲜和日本，可惜的是，现在已经失传了。

12. 郦道元治学严谨

《水经注》是中国古代的地理学名著，它的作者是北魏地理学家郦道元。郦道元出生于官宦家庭，从小就对各地人文风物非常感兴趣，父亲的书房是他最爱去的地方，他常常捧着《山海经》、《汉书地理志》、《禹贡》、《水经》等地理书爱不释手。

郦道元爱读地理书，但读多了就觉得那些书有美中不足之处。他把不同时代的地理书放在一起比较，发现古代的地理书写得过于简略，现代的地理书虽然详细一些，但书中缺少现代地形和古代地形的比较，看不出地理变迁的情况。他把自己的观点对父亲说了，父亲很高兴，鼓励他写一本新的地理书。

郦道元 17 岁的时候，家里来了一位姓王的先生，王先生见多识广，走过很多地方。父亲让郦道元跟王先生出去游历一番，郦道元高兴极了，他请求王先生让他的几个朋友一起去，王先生答应了。郦道元和朋友们跟着王先生在青州各地游玩，大自然的美景让他们兴奋不

已，王先生告诉他们，旅行不仅仅是为了好玩，还是一种积累知识的好方法。王先生告诉他们：司马迁20岁的时候离家游历四方，10年间行程上万里。他每到一个地方，都要寻访古迹，收集资料，有了这10年的积累，他才能写出流传千古的《史记》。

这次出行，郦道元不但长了见识，还明白了很多道理。

郦道元20岁时，继承了父亲的爵位，先后在山西、河北、河南、陕西、安徽等地做官。在处理政务之余，他总要对当地的地理情况进行一番考察。有一次，他在黄河南岸的陕县游览黄河，当地官员告诉他，秦朝铸的一尊铁人落进了河里，所以这一带的黄河波浪高达几十丈。郦道元不信这种说法，他带了几个人到黄河边实地考察，这里的黄河确实巨浪滔天。郦道元注意到黄河两岸是陡峭的石壁，河中间有两座石头堆成的岛屿，把河水分成三股。

"这里的大浪不是铁人造成的。"郦道元指着河中的石头岛屿对身边人说，"是山崩落下的石头堵塞了河道，才激起这么高的浪。"

郦道元不仅做学问认真，为官也十分正直，得罪了不少权贵。公元518年，郦道元被革了官职。郦道元做了20年的官，走了很多地方，收集了一屋子资料，如今没有了政务的牵制，他打算写一本新的《水经》，详细记载各条河流及流经地区的地理情况。他埋头写作了七年，一部四十卷的《水经注》终于写成了。《水经注》虽说是给《水经》作注，但它的文字增加了二十多倍，记载的河流比原书多了一千多条。原书中很多错误的地方也得到了纠正，还增加了很多生动的描写。《水经注》既有地理知识，也有历史知识，而且它的文字优美传神，比如其中有一段记述长江三峡的文字：

"冬春之时，素湍绿潭，回清倒影。绝巘多生怪柏，悬泉瀑布，飞漱其间。清荣峻茂，良多趣味。"

郦道元离开官场多年后，北魏朝廷再次任用他，让他到汝南任职。

汝南有个叫丘念的恶霸，深得汝南王元悦的宠幸，丘念仗着汝南王的势力为非作歹，干了很多伤天害理的事，老百姓对他敢怒不敢言，就连官府也奈何他不得。

郦道元上任后，马上派人调查丘念，掌握了他很多罪证。然后，郦道元命人在丘念必经之路上将他抓了起来。汝南王元悦连夜赶到京城，向孝明帝的母亲灵太后告状，说郦道元乱抓无辜。灵太后听信了元悦的话，下旨要郦道元放人。郦道元听说元悦上京城告状，就命人马上处决丘念。等元悦拿着灵太后的亲笔命令回来时，丘念已经被斩了。元悦怀恨在心，总想找机会报复郦道元。公元527年，雍州刺史肖宝夤叛乱。元悦见报复郦道元的机会来了，就向朝廷建议派郦道元出任关右大使，然后向肖宝夤散布消息，说郦道元要和他作对。肖宝夤得到消息后就派人在临潼县将郦道元杀害了。

郦道元一生治学严谨，为官清廉，他编写的《水经注》不仅有很高的科学价值，也具有很高的文学价值。

13. 孙思邈无意为官

传说，孙思邈的医术十分高超，有一次，他在路上看见一队送葬的人，打听得知，死者是一位孕妇，因为难产，大人孩子都没保住。孙思邈注意到棺材里有鲜血滴出，就叫送葬的队伍停下来，打开棺材让他看看是否还有救。死者亲属听说他是医生，就将信将疑地打开了棺材。那个孕妇脸色苍白，像死人一样，孙思邈摸了摸她的脉搏，觉得还有救，就拿出针来在她的穴位上扎了几针。渐渐地，那个孕妇有了呼吸。孙思邈继续治疗，过了一会儿，那个孩子也生下来了。这一下竟救活了两个人。

孙思邈的医术高明，名闻遐迩。隋文帝听说以后，派人到南五台（在现在的陕西省中部）去请他出来做官，孙思邈谢绝了。他认为自己应该为所有的人治病，而不应成为帝王的专用医生。二十多年后，唐太宗做了皇帝，把孙思邈召进京城。两个人见面以后，从养生之道谈到治理国家，越谈越投机。唐太宗想把孙思邈留在京城做官，孙思邈却又一次谢绝了。

孙思邈住在长安时，每天来找他看病的人络绎不绝。来看病的人中有很多是有钱人，孙思邈注意到，有钱人患脚气病的特别多。这个现象引起了孙思邈的关注，最后他发现有钱人爱患脚气病和他们不吃粗粮有关，于是他用谷糠、麦麸煮汤给那些病人喝，果然很有效。他从这件事中得到启发，认识到山里人患雀盲眼的很多，和长年吃粗粮不吃荤腥有关。回到山区，孙思邈用动物肝脏为雀盲眼患者治疗，取得了很好的疗效。

山里人多患得大脖子病，为治好这种病，孙思邈费了不少心思。他发现，不得这种病的人气管比较容易摸到，而得这种病的人则很难摸到，这是怎么一回事呢？他为了弄清楚，便到了屠宰场去看羊的气管。他发现羊气管两边也有两团叫靥的三角形小肉块。他估计大脖子是因为靥出了毛病。他查了一些医书，发现的确如此，可以用海藻来治这种病。但是那里的山区远离大海，要找海藻真是太难了。一天，孙思邈听到一老乡说"吃心补心，吃肝补肝"；受到启发，决定用羊靥来治大脖子病，果然，病人们服用羊靥一段时间后，大脖子就消失了。

孙思邈是一位很有创造性的医生，有一个几天撒不出尿的人来找孙思邈看病，说自己肚子都快胀破了。孙思邈为他配了一付利尿的药，病人喝了不但尿不出来，反而胀得更难受了。孙思邈认为是尿道出了问题，可是怎么才能使尿道通畅呢？看到病人痛苦的样子，孙思邈急

得在屋里走来走去。这时，邻居家的小孩正拿着一根葱管吹着玩，孙思邈灵机一动，立刻找来了一根大葱，小心地把葱叶插到病人的尿道里，再对着葱叶吹气，尿就随着葱管流出来了。由此，孙思邈成了世界上第一个使用人工导尿法的人。

70岁时，孙思邈把自己几十年的行医经验和搜集来的民间药方，编成一本书，叫《千金要方》。有人问他，书名中的"千金"是不是说这本书价值千金。孙思邈说，"千金"不是指书，而是指人。从这里可以看出孙思邈对人的一片仁爱之心。孙思邈100岁时，又把后30年搜集的药方编成书，叫做《千金翼方》，作为对前一本书的补充。

孙思邈晚年时已经是医学界声名最显赫的人物，他的《千金要方》也成了经典医学著作，很少有人怀疑里面会有什么错误。但是有一天，一位没有名气的医生来找孙思邈，说自己读了古代医书，又对穴位进行了仔细研究，觉得《千金要方》中人体穴位一共有650个的说法可能不准确。孙思邈决定重新检查人体穴位，有人劝他说，那个医生不过是个无名小卒，不必把他的话当真。但孙思邈不这么认为，他说研究医学必须虚心，那个医生的说法有可能是对的。于是他对人体穴位重新进行了一番研究，发现果然是自己错了，人体穴位应该是649个。他特地在《千金翼方》把穴位数纠正过来。

《千金翼方》问世后的第二年，孙思邈去世了，享年101岁。他高超的医术和崇高的医德赢得了世人的尊敬，人们尊称他为"药王"。

14. 沈括享誉百科

大家都知道石油是一种重要的能源，但很多人也许不知道"石油"这个名称的来历。"石油"这个词是北宋时期的沈括提出来的。

沈括在延州做知州的时候，发现一条河里漂着一种黑色的油。沈括问当地人这是什么东西？当地人说不知道这东西叫什么，只知道它很容易燃烧，可以弄回去生火烧饭，但就是烟太大了。沈括按当地人的指点，在河的上游不远的地方，找到了黑油的源头，黑油是从河底的石头缝里流出来的。

沈括收集了一罐黑油，回到家用火一点，黑油立即熊熊燃烧起来。一会儿工夫，屋里到处都是黑烟，等黑油烧完了，沈括用手摸了一下墙上的烟尘，发现它又黑又亮。他想，这东西做成墨一定很不错。他找来墨工，让他们把黑油烧成的烟采集起来，掺上胶水，做成墨锭。墨做好后，沈括用它来写字，果然又黑又亮，一点也不亚于松木烧烟制成的墨。黑油有这么多用途，沈括想给它起个名字，他查了古书后，发现古代有人把它叫做"脂水"。沈括觉得这个名称不太贴切，他想，这东西是从石头缝里流出来的，叫它"石油"不是很好吗？从此，石油这个名称就传开了。

沈括的贡献当然远不止给黑油命名。他在天文、数学、物理、化学、农业、水利、医学等方面都做出了很大贡献。除了进行科学研究，他还参与政治改革，带兵打仗。世界上许多历史学家都认为，沈括是人类历史上少有的杰出人物之一。

沈括的父亲是北宋的官员，先后在各地任职，沈括从小跟着父亲走了不少地方。父亲的书房里藏书很多，沈括成天泡在里面，到他十四岁时，家里的书已经被他读完了。父亲去世后，沈括做了官，他先后在好几个地方当过县令。三十三岁时，沈括考中了进士，被调到京城做官。

1070 年，王安石进行变法，沈括也参与了变法活动。王安石对他十分赏识，让他主管经济和兵器制造。沈括经常到各地考察，指导当地官府兴修水利。有一年秋天，沈括带着随从在太行山考察，发现山崖上嵌着很多贝壳。大家都很奇怪，这是海里的东西，怎么跑到山上来了呢？随从向沈括请教，沈括一时不知该怎么回答才好，这样的事情他也是头一回见到。沈括拿着一个贝壳思索起来。过了一会儿，沈括说，这个地方在远古的时候是大海。随从们很吃惊，他们觉得这不可能，因为这里离大海还有一千多里地。沈括说，从这里往东的一千多里陆地在古代都是大海。随从还是不信，沈括又说，这些贝壳就是证据，这里原本是大海，但是后来黄河、漳河、桑干河等大河带着大量的泥沙流进大海，泥沙在海边沉积下来，越积越高，最后形成了大片陆地。经他一解释，大家都觉得很有道理。

沈括认为华北平原是由泥沙沉积形成的，这一说法颇有科学依据，他的这一理论比西方早了四百年。

北宋时期，北方的辽国经常侵犯北宋。辽国派大臣肖禧来见宋神宗，要求重新划定边境。宋朝的大臣们和肖禧交涉，但肖禧态度强硬，谈判无法继续下去。宋神宗很着急，如果答应辽国的要求，就会丢失不少国土，不答应又怕辽国出兵进犯。这时候正好沈括从外面考察回来，宋神宗就叫他去和肖禧谈判。

沈括仔细查看了边境的档案之后才去谈判。见了肖禧，沈括命人展开一幅地图，然后对肖禧说，宋辽两国划定的边境在长城一带，可是辽国要争的地方却在长城以内三十多里，这是明显的敲诈。沈括坚决不肯让步，肖禧没办法，只好回国。

为了解决这件事，宋神宗又派沈括出使辽国。辽国宰相杨遵勖设宴招待沈括，双方礼节性地互敬了几杯酒后，杨遵勖说宋辽两国的边境本来就在长城以内三十多里的地方，后来是宋国侵占辽国的领土，希望早日重新划定边境，免得两国交兵。沈括要杨遵勖出示宋辽边境在长城内三十里的文字凭据，杨遵勖拿不出文字凭据。于是沈括详细说明了十年前两国签署边境协议的情况，还运用丰富的历史和地理知识论证了长城以内都是大宋的国土。辽国先后派出了上千人和沈括辩论，都被他驳了回去。最后，辽国只好放弃了无理要求。在回国的路上，沈括把沿途所见的辽国的地理、民俗、道路等情况记录下来，作为了解辽国的资料。

王安石变法失败后，沈括也被革了职，而且不准进京。有了空闲时间，沈括就在家里绘制《天下州县图》。《天下州县图》共有 20 幅，沈括花了 12 年时间才把它画好。皇帝听说了这件事，就让他带上《天下州县图》进京重新做官。沈括不想再做官，到浙江润州的梦溪园定居下来，专心研究学问。

沈括的晚年是在梦溪园度过的，他把自己一生的研究成果记录下来，写成了几十部书，享誉世界的科学巨著《梦溪笔谈》就是其中的一本。这本书涉及到了天文、地理、数学、物理、化学、冶金、水利、建筑、农业、医药等等许多学科，其中的许多成果在当时处于世界领先的地位。

15. 毕昇勇于实践

印刷术是中国古代四大发明之一，这一发明比欧洲早了四百年，它充分体现了中华民族的聪明和智慧。最早的活字印刷是由一名叫毕昇的普通工匠发明的。毕昇生活的年代是北宋，那时人们都使用雕版印刷，这种方法比用手抄写先进多了，但它太费木板了，每一页书都需要雕刻一块木版，如果刻错了就只好整块重刻。在北宋初年，有人印一部《大藏经》，花了 12 年时间，刻了 13 万块木板才告完成。

一天，毕昇看见印书作坊的伙计用印过的木版生火做饭，就想，这些木版雕刻起来很不容易，印过书之后就没有用了，一大堆东西，留着占地方，烧了又可惜，如果能用旧版印新书那该多好啊！他拿起一块雕版，一边看一边琢磨，当他注意到雕版上有一些重复的字时，头脑中突然灵光一闪：如果把雕版上的字变成一个个可以拆开的小块，不就可以重新排列用来印新书了吗？

毕昇很兴奋，立即找来旧版，锯成单个的字块，然后用松香把它们沾在木板上，一块活字拼成的新版做出来了。他在活字印版上涂上墨汁试印了几张，由于拼起来的新版高低不平，有的字没有印上去，效果很不理想。毕昇做了很多次试验，结果都失败了，他经过仔细观察，发现印版不平是因为木头做的活字遇水后容易变形。如果用一种不怕水的材料来雕刻活字，就好办了。毕昇把这想法一说，作坊里的一位师傅顺手拿起一个瓷碗，开玩笑说："这东西不怕水。"

这句玩笑话使毕昇受了启发，他决定在小泥块上刻字，然后像烧陶器一样烧出来。大家很支持他的这个想法，他们找来细胶泥，做成小方柱，再在上面刻上字，然后烧硬。接下来是拼版，他们把融化的松香抹在一块平整的铁板上，把活字粘上去，然后把铁板放到火上烤一下，趁热把活字压平，一块平整的活字印版就做成了。他们用这块印版试印了几张，印出来的字非常清晰。印完之后，再把印板放到火上加热，松香融化后，用手一抹，上面的活字就掉了。如果要印另一本书，可以把这些活字重新排版再印。

毕昇发明的活字印刷术是印刷史上的一次革命，这种方法很快传遍了全国，后来又传到了世界各地。毕昇的发明，对世界文化的发展起到了很大的作用。

16. 张择端思旧成画

北宋的宋徽宗皇帝是一个非常喜欢绘画的人，他在皇宫里设立了一个画院，把全国知名的画家都召集在这里作宫廷画师。张择端在当时也算得上有名的画家了，于是被选进了宫廷画院，当了一名宫廷画师。

北宋的京城汴梁地处中原，北靠黄河，是一个水陆交通都十分发达的城市，这里的热闹景象常常让张择端浮想联翩，特别是汴河两岸的繁华街市和郊外迷人的景色更让他难以忘怀。

一天，张择端决定把这一繁华景象画下来，这便是后来人们看到的《清明上河图》。

我们在《清明上河图》的中段画卷上看到了汴河两岸秀丽的风光，在柳树成行的汴河两岸，错落着一座座房屋，有临河的酒楼和茶馆，上面有人在悠闲地品茶喝酒。河中央运货的船只来来往往很是热闹。河上有一座漂亮的大拱桥，桥上一些悠闲的人正在欣赏这美丽的景色。

在桥的两头许多小商贩在摆摊叫卖。一个骑马的和一个乘轿下桥的人就要相撞了，只见骑马人紧拉笼头，马一声惊口叫，不仅引起了四周人的注意，同时把两头驮着东西的小毛驴也吓坏了，它们又跳又叫。桥的另一头一个农夫推着一车东西就要下坡，因为是下坡，所以他只得弯腰弓背，两腿叉开来刹住车子。在他前面的一头拉套的小毛驴，却慢慢悠悠地迈着步子。

桥下一只满载货物的船正准备穿过桥洞，于是船工们急急忙忙地放下桅杆。没想到桅杆太重，一下子放不下来，船马上就要穿过桥洞

了，船工们有的挥动着撑篙想减缓船的速度，有的人大声叫喊，岸上也有人在叫喊着指挥，另一些人则神情紧张地看着。

在画卷的最后一部分，在繁华的街市上，杂货店、药铺、酒楼、茶馆这些店门口挂着各式各样的招牌。行人川流不息，各种各样的人都有，有算命的先生，有行医的郎中，有做买卖的生意人，各人都在为自己的生计忙碌着。这幅《清明上河图》把北宋时候的民情风俗以及汴梁城的繁荣景象都呈现了出来。

可是北宋的安稳日子没过多久，在宋徽宗这个只懂得绘画而不懂得治理国家的昏庸皇帝的统治下，内政昏暗腐败，对外防务松懈，毫无防御能力，靖庚年间，金兵挥戈南下，攻下宋朝都城汴梁，并把宋徽宗和他的儿子宋钦宗俘虏了，战乱中珍贵的《清明上河图》也不知去向了。

张择端在战乱中逃到了南方，在南宋的画院里继续当画师，南宋的都城临安（现在的杭州）虽然景色也十分的迷人，但是张择端却没有了在汴梁时的心情，他想着祖国的沦陷，更想起了他画的那一幅《清明上河图》。张择端决定重新画《清明上河图》。作品完成后，他把它同挂在门楣上，让过往的百姓们看，百姓看着汴梁美丽的景色都止不住流下了眼泪。《清明上河图》唤起了人们对北宋的怀念之情，人们非常喜爱它，好多人都争着把它临摹下来。这幅作品现今珍藏在北京的故宫博物院里。

17. 黄道婆改进纺织术

七百多年前的一个寒冷的冬天，天刚微明，有一个年轻的媳妇走在黄浦江边上。码头上停靠着几只海船，船上的人还在熟睡。这个衣衫褴褛的女子悄悄登上了一艘大海船，躲进了船舱。她刚坐下没多会儿，便倒头睡着了。

这个偷偷躲到海船上的女子就是对纺织业做出了重大贡献的著名女发明家黄道婆。她是因为受不了公婆和丈夫的虐待而从家中逃出来的。

黄道婆是松江乌泥泾人。那里的百姓靠种棉花和纺织为生。黄道婆家境十分贫困，她八岁时，父母便被饿死了，她给人家当了童养媳，白天下地干活，晚上纺纱织布，四季都不闲着。尤其让她难以忍受的是公婆和丈夫对她的百般折磨。

这年冬天特别寒冷，而黄道婆却还穿着破烂的单衣，被冻得浑身发抖。她的公婆和丈夫却都早已穿上了厚厚的棉袄。在她的苦求之下，所得到的并不是棉袄，而是一顿毒打，继之又将她锁进柴房里。面对着漫漫长夜，她对自己的未来充满了渴望，渴望离开这个家。她想尽办法在墙角挖开一个洞，逃了出来。

天亮了，船工们在船上发现了她。在知道了她的身世后，大家都很同情她，答应带她到一个海岛上去，在那里一年四季都是暖和的，而且那里居住的人都很善良、热情。他们是黎族人，他们的语言和生活习惯与汉族不同。黄道婆听了心中向往不已，很高兴地答应了。

经过数日的颠簸，海船终于到达海岛南端的崖州，黄道婆兴奋又有点担心地走下了木船。不知觉间，天已黑了，又下起了雨，她浑身都湿透了，站在一户人家的房檐下躲雨。这时，房内出来一个老大娘，看到她这副样子，赶紧把她拉进了屋，给她换上黎族的筒裙，并询问她的情况。她便将自己的遭遇告诉了老大娘，老大娘听完她的诉说把她留了下来。

村里的族人都很同情她，而且教给她纺线织布的先进技术。在这里，她发现黎族人使用的一种叫"旷踏车椎弓"的工具去掉棉籽，又

省力又省时。

黄道婆的勤学苦干，换来了大家对她的尊重，大家也都乐意帮助她，把这里的先进技术传授给她。几年之后，她便成了这儿的一个纺织能手。

时光如梭，转眼间，黄道婆已在这里生活了三十年，冬去春来，一天，黄道婆看见一群大雁北归，一缕思乡之情油然而生，于是她决定离开这里，回到家乡去。

她含泪辞别这里热情善良的黎族人民，带着先进的制棉工具和技术回到阔别已久的家乡。

对于她的归来，大家既惊奇又高兴，听说她带回先进的纺棉和制棉工具技术，大家都乐意学。于是在黄道婆的指导下，很快人们就掌握了黎族的先进纺织方法。但黄道婆并不满足，她想进一步提高纺织技术。她节衣缩食，省吃俭用，把积攒的钱用在发明改造新工具上，一次又一次地做试验，经过不知多少个日日夜夜的辛勤努力，她终于取得了成功。她把黎族的"踏车"改成"搅车"，加快了轧棉花和去棉籽的速度，她还把原来弹棉花的小竹弓改成了绳弦大弓，提高了弹棉花的效率。她发明的脚踏纺车是当时世界上最先进的纺织工具。这项发明大大提高了棉织水平，增添了棉织物品种，质量也有很大提高，使家乡的棉织品远销到长江中下游地区以及北方各地。并因此获得"松江棉布，衣被天下"的美名。

黄道婆热爱自己的家乡，所换来的是家乡人对她的拥戴与厚爱。在她去世后，人们把她葬在今天上海的华泾镇东湾村附近，并建造了不少祠庙纪念她。

18. 宋应星总结科技成果

　　说到中国古代的科学技术，就不能不说到《天工开物》，这部书在世界科技史上占有重要地位，被誉为我国古代生产技术的百科全书。这部书的作者宋应星是江西奉新县人，二十八岁时和哥哥宋应升去南昌参加乡试。乡试的考生有一万多名，结果兄弟俩都考中了举人，宋应星考中了第三名，哥哥宋应升考中第六名。奉新县一下子出了两个举人，被人称为"奉新二宋"。中举后，兄弟俩马上赴北京参加会试，想一鼓作气考中进士。但却双双落榜。

　　从京城回家的路上，他们看见一位老农在田地里使用一种奇特的农具干活。宋应星不知那是什么东西，就上去向老农请教。老农告诉他那东西叫耧（lóu），是播种用的。宋应星仔细观察了耧的构造，问老农，播完种为什么还要用驴拉着碌碡在地上滚？老农说，麦种播下去后，用碌碡把泥土压紧，就能保持水分，麦种才好发芽。宋应星回头对哥哥说，这些东西是书上学不到的，我们饱读诗书，却连最实用的知识也没学会，我一定要写本书，把这些知识都写进去。

　　后来，兄弟俩又参加了几次会试，但总是榜上无名。宋应星不想再考下去了，他到江西分宜县当了县学的教官。从此经常到分宜县的农村、集镇去了解各行各业的生产过程。他访遍了那里的造纸、制陶、制糖、纺织等作坊，结交了很多农民、工匠朋友。

　　有一次，宋应星看到一位老铁匠在教徒弟打铁。老铁匠把打好的锄头放在火上烧红，然后把锄头在水里沾了一下。吱地一声，水里冒出一阵白气。宋应星问老铁匠为什么要把烧红的锄头往水里粘一下？老铁匠告诉他，这叫淬火，可以使铁器变得更硬，这道工序很讲究，

淬火时温度太高，铁器就会太硬，容易断；温度不够，铁器则不耐磨。

每当了解到这些知识，宋应星总是详细地记录下来，为他要写的书准备资料。

几年后，宋应星的书写成了，书名《天工开物》。这部书一共十八卷。内容包括作物种植、食品加工、养蚕、纺织、采矿、冶炼、烧制砖瓦、陶器、造纸、车船和兵器的制造等。书中还有二百多幅插图。在涂先生的帮助下，《天工开物》得以付梓印刷。《天工开物》全面地记录了我国古代的科学技术，是世界上最早的科技百科全书。书中记载的炼锌法和灌钢法都是世界上最早的；它记载的提花机是当时世界上最先进的纺织机械；书中的二百多幅插图生动地描绘了三百多年前各行各业的生产情况，具有很高的研究价值。但是，在中国古代，人们相信"万般皆下品，惟有读书高"，劳动者的社会地位是很低的，因此《天工开物》这部关于生产劳动的书没有得到足够的重视，后来甚至在国内失传了。现代学者经过多方查找，才找到它的原刻本，宋应星和他的《天工开物》终于在世界上获得了应有的荣誉。

19. 金圣叹评经论典

金圣叹原名金采，字若采，明朝灭亡后改名人瑞，字圣叹。从小非常聪明，老师教的东西很快就学会了，随着知识的增长，他喜欢别出心裁地评论经典。老师教《诗经》的时候，根据孔子的说法讲解："《诗经》三百篇，总的说来，就是所思所想都很正经。"金圣叹听了怀疑地说："《诗经》里有很多描写男女之情的，怎么会很正经呢？"老师教了这么多年书，从来没听过有人反驳孔子的，可是金圣叹说的也有道理啊！老师虽然训斥了他一番，却认为他将来很有出息。金圣叹慢慢地就有了才子的名声。

金圣叹和当时大多数读书人一样，参加过几次科举考试。当时科举考试做文章要严格按八股文的规定来写。金圣叹是一个爱别出心裁的人，没按八股文的规定，而是根据考题，写了一篇观点十分新奇的文章。在当时，不按八股文的规定写，再好的文章都不会录取。金圣叹参加了第二次考试，他按照八股文的规定，写了一篇文章。这次他考了第一名。

两次考试，让金圣叹看清了科举考试的腐朽。后来他又参加了几次考试，经常戏弄考官。有一次他看见考题是"王之将出"就写了"出将入相"四个字交上去，考官看了莫名其妙，问金圣叹什么意思，金圣叹回答："演戏的时候，大王要出场的时候，不总要从戏台上"出将"、"入相"这两个口出来吗?"说完哈哈大笑，扔下目瞪口呆的考官扬长而去。

金圣叹再也没心思去参加科举考试了，他把精力放在做学问，写书上。他评点了一些古典名著，其中最有名的就是《水浒传》。他对水浒里的许多人物提出了自己的看法，并且把原来一百四十回的《水浒传》，拦腰砍断，全书在水浒英雄排座次之后结束，这就是后来流传很广的金本《水浒传》。金圣叹写文章也是标新立异，他写的《人生三十六快事》是一篇千古奇文，看过的人无不拍案叫绝。

1661年，清顺治皇帝去世，全国上下要哀悼三天，称为哭临。当时苏州吴县的知县任维初上任不到一年，就利用职务的便利占用了三千多石粮食。还因逼迫交税，动用酷刑打死人。这件事被苏州的读书人知道了，他们对贪官的行为非常愤怒，纷纷要求巡抚朱国治惩办贪官。但是官官相护，贪官又贿赂了巡抚，巡抚对书生们要求不理不睬。书生们十分气愤。

正在书生们群情激愤的时候，他们听说巡抚要和官员们要到文庙哭临。书生们就商议借机去向巡抚请愿。正当巡抚和官员们在文庙的大殿上哭临的时候，忽然涌进来几百名书生，还有一千多人在大殿外，为首的书生大声说："皇上归天，我们都很伤心，吴县知县任维初占用国家库粮，逼死人命，已经激起民愤，请巡抚大人法办。""说完递上状纸。金圣叹这天也和朋友来文庙。事后巡抚上报朝廷说书生们破坏哭临，聚众闹事。朝廷立刻下令严惩为首的书生。这就是清朝有名的"哭庙案"。金圣叹由于名声大，认识他的人很多，所以也被抓了起来。民间流传着关于他临刑前的一个传说，金圣叹对刽子手说："你下刀利索一点，我手心里攥着一样东西，呆会儿我死后你可以拿走。"刽子手答应了，后来他打开金圣叹的手一看，是一张纸条，写着：花生米和豆腐一起吃，有鸡肉的味道。

20. 朱耷装疯习画

八大山人原名朱耷，明朝灭亡后，隐姓埋名躲到深山寺庙当了和尚。他是明朝宁王朱权的后代，当和尚是为了逃避清朝官府的纠缠。

尽管如此，因为朱耷是个很有学问的人，还是经常有一些清朝官吏找上门来，让他去做官。为了让这些人不再来打扰，一天，朱耷突然大笑大哭起来。从此以后，朱耷总是穿着破烂衣衫时哭时笑，人们都以为朱耷疯了，那些清朝的官吏也不再来找他了。

时间长了，清朝统治者就把朱耷给忘了，于是朱耷又恢复了原来的样子。在寺庙里，朱耷每天总用写诗和作画来发泄自己的感情。每当他写好一首诗或画好一幅画时，都在诗和画的落款处题上"八大山人"四个字。这几个字的造型非常的奇怪，组合起来有点像"哭"和"笑"。

朱耷喜欢画鸟，他画出来的鸟有一个共同的特点，都是呆头呆脑的。这些呆头呆脑的鸟要么站在枯死的树枝上，要么傻傻地蹲在孤立的石头上缩着头，翻着白眼看着茫茫的天空。那些呆鸟是多么的可怜啊！而他画出来的鱼却又是另一副样子，每条鱼的眼睛又大又黑，有的眼睛还成了方形。而且他常常把鱼的眼睛点在眼眶的正上角，一副高傲的样子。

你别看朱耷画的画很怪，人们都喜欢，知道他心情的人还觉得他画的就是自己。

朱耷的诗和画越来越好，他的画不仅受到老百姓的欢迎，那些达官贵人们也非常喜欢，所以向他求字要画的人络绎不绝。可是朱耷从来不给达官贵人们写字画画。这些人为了得到朱耷的画，常常从老百姓和和尚的手里去收买朱耷的画。

有一年，清朝的康熙皇帝到江南去巡视，康熙皇帝沿途要召见一些官吏，通知召见的时间是五更，但是有的人二更就在门口等候了。朱耷为了讽刺这些阿谀奉承的官吏，特意画了一幅《牡丹孔雀图》，《牡丹孔雀图》的下半部分画着一块上大底小，看起来极不稳当的石头，石头上蹲着两只孔雀。本来十分美丽的孔雀，被朱耷画得十分丑陋——短而秃的嘴，本来应该最美丽的尾巴部分只有三根极其难看的翎毛留存着，发直的双眼贪婪地看着前方，一副恨不得把自己都卖出去的谄媚相。

在《牡丹孔雀图》的上半部分朱耷画着乱石，乱石堆里懒散地耷拉着几根竹子和几株开放的牡丹花；在空白处朱耷用刚劲有力的字体题诗一首，在诗中把奴颜媚骨的人称为"三耳"，因为只有奴才的耳朵最为灵敏，就像长了三只耳朵一样。而孔雀尾巴上的三根毛则象征着清朝大官头顶上那一顶带着三根翎的官帽。后来清代著名画家郑板桥在看了朱耷的这一幅以后，评价道：横涂竖抹千千幅，墨点无多泪

点多。

21. 蒲松龄奉茶搜书

蒲松龄，字留仙，号柳泉居士，淄川（在今山东淄博）人。他的父亲曾经十年苦读，虽然满腹诗书，却屡试不中，后来看淡功名转而经商，但是由于不善经营，家境并不富裕，这个经商的家庭有着浓厚的读书人家的气氛。蒲松龄在几个孩子中间最为聪明好学，很小就显示了文学天赋。他学习的时候很讲究方法，遇到描写同类景物的各朝代不同的诗人的句子都抄在本子上，以便进行比较。细心体会，渐渐摸索出写诗的方法。

蒲松龄十九岁就参加县府的各级考试，并连续三次取得第一名。当时主考的老师认为他前途不可限量。蒲松龄也对自己的前途充满信心，读书也比原来更用功了。为了更好地读书，他索性搬到附近的庆云寺里苦读。夜晚听村里人讲故事，遇到有趣的就记在本子上。

到了乡试的时间，他就离开那里去参加考试。等到考试结果出来的时候，他却连连名落孙山，为什么呢？原来那时候的科举考试舞弊严重，参加考试的考生在考前都要给主考官送礼，蒲松龄看不起这种行为，也没钱送礼，他想依靠自己的才学金榜题名。

可是当时他已经娶妻生子，几个兄弟也已经分家，各顾各的。为了参加考试他的妻儿已经过了几年贫困的生活，蒲松龄只好放弃了继续考取功名的打算，到一个当知县的朋友那里充任幕僚。在当幕僚的几年里，蒲松龄见识了官场的虚伪酸腐，也了解了百姓的疾苦。慢慢地他意识到这样老帮着朋友抄抄写写不是长久之计，自己写书的计划总也不能实现。于是他离开朋友，准备走一条属于自己的路。

为了生存，他到本乡有钱的人家去当教书先生。空闲的时候，就在村外的路口旁边摆上茶水摊，听南来北往的行人们讲故事。

到了四十多岁时，蒲松龄搜集整理的民间故事有四百九十多篇。因为他的屋子叫聊斋，所以他给这些民间故事起的名字就叫《聊斋志异》。"志"是记的意思，"异"指奇特的事。蒲松龄通过这些故事，表现自己对封建统治的不满。还通过一些狐狸成仙，帮助一些不得志的读书人的故事，表达自己的美好理想。人们看过以后，都能体会到其中深刻的意义。

蒲松龄虽然对科举制度很痛恨，可在那时，要使家里的生活得到改善只能走这条路。所以他在五十岁的时候，抱着极大的希望，又参加了一回乡试。可是到了考试的时候，他因为年老体弱，又闹起肚子，只好中途退场，这样他又落榜了。从此，蒲松龄一心一意在家教书，而这时他的《聊斋志异》已经传遍四面八方。

22. 石涛学海无涯

清代杰出的绘画大师石涛于 1642 年出生在广西桂林，他的父亲是靖江王，但是石涛生不逢时，他一出生就遇上了战乱。四岁那年，他的父亲靖江王朱亨嘉被手下出卖至死，在王府被攻破的紧急时刻，石涛被他的仆人冒着生命危险救出，日夜兼程逃离桂林，一路隐姓埋名流落到武昌。迫于现实生活的无奈，主仆二人皆遁入空门，削发为僧。

石涛自幼天资聪颖而又勤奋好学，在佛门清贫单调的生活中，他依然能找到自己的娱乐方式，他喜欢写字、画画、养花种草来陶冶情操。

十岁的时候，他特别喜欢收集古书，只要得到书，他就会高兴得手舞足蹈，然后如获至宝地将它们放在他的书架上，这样日积月累，他收集的古书把书架塞得满满的，其中有四书五经、也有小说和字帖等。有一天，石涛又得到一本古书，正喜形于色，要把它放到书架上，他的师兄来找他，看到满架的古书，钦佩地说："师弟如此雅兴，收集了一屋的书籍，想必已学富五车，博览群书了吧。"

石涛小声地说："这些书我还没有看过。"

师兄诧异地问："不阅读，那你为何要收集呢？这岂不让满屋的书成了摆设，徒有其表吗？"

石涛面红耳赤地说："师兄说得对，我一定会看的。"

于是，闲暇时石涛开始翻阅古书，在古老文化的熏陶下，他逐渐领略到了文学、艺术的魅力，常常陶醉在中国书法艺术那独有的深邃意境中。他尤其喜欢唐代颜鲁公的墨迹，并经常练习颜鲁公的笔法。当时，非常流行写董其昌书体，他的师兄对石涛说："你怎么不练习董体呢？现在的人们都在学写这种字体。"

石涛把董体拿来研究了一番，说："字体虽好，但没有个性，我不喜欢，也不愿意随波逐流。"随后就把它扔在一旁，专心致志地研习自己喜爱的书法，后来他形成了自己别具一格、出类拔萃的笔墨技巧，受到人们的喜爱。

除了练习书法，石涛还经常画画。到十二、三岁的时候，他的艺术天赋就渐渐地显露出来，他画了很多的山水人物和花鸟虫草，虽然是初出茅庐，但却具有自己的独特风格，受到世人的瞩目和称赞。他十五岁的时候，就把自己的绘画作品汇编成册，题名为《人物山水花卉册》，这意味着他艺术生涯的起步。

石涛在21岁的时候离开寺庙，开始了人生中的第一次旅行，他感到外面的世界是那么的新奇而美丽，不由被祖国的大好河山所吸引。他一边游山玩水，一边寻师问道，终于在上海松江拜名震禅林的旅庵

本月为师。修道一年后，石涛不禁有些得意自满，认为自己已经是学有所成了，不再像以前那样虚心学习，而是整天和朋友们一起外出玩耍。一天，石涛正在庭院里跟师兄们聊天，旅庵本月师傅来了，对石涛说："石涛，你跟我来。"

于是，石涛跟着师傅来到了一后园。师傅指着一个装着满满的石头的碗说："你看这个碗里装满东西了吗？"

石涛看了看说："装满了。"

师傅不动声色地从旁边拿了些沙，把它倒入碗里，又问石涛："现在它满了吗？"

石涛犹豫地点点头说："满了。"

师傅又向碗里加了点水，转过头来问石涛："现在满了吗？"

石涛略有所悟，于是师傅语重心长的说："学海无涯啊！你应该虚心学习，知识是永远没有止境的。"

从此，石涛在师傅的教诲下更加刻苦学习，开始更高层次的修道。

经过三年的潜心修道后，石涛拜别师傅，到了宣城广教寺，在那里广交益友，吟诗作画。他和梅清等一批画家共画黄山，成为著名的黄山画派。其中石涛的《黄山图》最具风采。他不仅画了大量的山水还画了许多道教人物，《十八阿罗汉应真图》就是其中的代表作。他过人的才华和豪放的性格使他在同行们当中获得很高的声望。

石涛38岁的时候，离开宣城广教寺寄居在金陵长干寺，过着清贫的日子，修持布道，在此期间创作了很多作品。四十五岁的时候，他又离开金陵前往燕京，途经扬州与戏剧家孔尚任结为知己，并在扬州受到康熙皇帝的接见。他到燕京的时候已经将近50岁了，在那里他疲于奔命，自称"苦瓜僧"，饱尝了人间的世态炎凉，后又回到扬州，并在扬州度过他的晚年。

石涛是一位天才的艺术家，他不仅在绘画方面独领风骚，而且在

诗、书方面也精妙绝伦，享有"三绝"之誉。他在扬州呕心沥血地完成了《石涛画语录》，这标志着他绘画艺术思想形成了自己完整的理论体系，为后世留下一部罕见的中国画美学经典。

23. 龚自珍纵论天下

"九州生气恃风雷，万马齐暗究可哀；我劝天公重抖擞，不拘一格降人才！"写下这气贯长虹的诗句的人，是清朝中叶的龚自珍。

龚自珍，字瑟人，号定庵，浙江仁和（今浙江杭州）人。他出生于书香门第，祖父为乾隆进士，父亲为嘉庆进士，母亲也有学问。在这样的环境里，少年龚自珍聪明好学，爱好十分广泛。

中年龚自珍性格豪爽，不但喜欢谈论天下大事，语出惊人，在生活上也很随意。在当时龚自珍的狂放不羁是很出名的。一年夏天，在京城做官的龚自珍坐着一辆驴车到郊外游玩，他看见一片芍药花正在灿烂地开放，异常美丽，心里非常高兴。于是就叫车停下来，在花边席地而坐，取出自带的美酒自斟自饮。正喝得高兴，有一个农民打路旁经过，龚自珍上前拦住他说道：老兄，你看这芍药花开得多好，不要错过了赏花的机会啊，于是不由那人分说，硬把他拉来一起喝酒。过了一会儿，龚自珍的一个朋友也从这条路上经过，龚自珍看见了，又把他也拉来喝酒。那个朋友觉得纳闷，一直问龚自珍：那个穿短衫的人是谁啊？龚自珍也不回答，只是喝酒吟诗，朋友还以为那位农民是位隐士，便也不再多问。三个人开怀畅饮，玩得非常痛快。

龚自珍在北京做官的时候，英美法等国已经开始向我国贩卖鸦片。面对"外夷"入侵的时势，龚自珍产生了抵御外侮的爱国主义思想。他和林则徐、黄爵滋一起主张严禁鸦片；建议林则徐赴广东禁烟，龚

自珍对鸦片战争的发展态势很有预见，龚自珍的早逝，使他的抵御外侮的爱国主义思想未能得到进一步实践。

龚自珍有远大的理想，进步的思想和高超的文学才能，可是他没有能够施展自己的文学才华，却在沉闷的环境里挣扎。后来，在鸦片战争中，清朝军队一败涂地，林则徐也被人诬告撤了职。龚自珍的心情就更不好了。1841 年，他生重病而死，时年 50 岁。

24．谭嗣同杀身成仁

清光绪年间，北京菜市口布满了清兵，"又要杀谁啊？"过往的行人纷纷猜测，日将近午，六辆囚车在众多戒备森严的清兵押解下，从监狱向刑场驶来。"呀，这不是谭嗣同大人吗？"有认识他的老百姓惊讶地说。这正是谭嗣同和朝廷里主张维新变法的杨锐、刘光第、林旭、康广仁、杨深秀六位，后世称为"维新六君子"的人。"他们不都是朝里的大官吗？"不明就里的老百姓不禁感到纳闷。只见囚车里带着一身镣铐的谭嗣同高昂着头，一副慷慨赴死的决绝表情。就在这一天——1898 年 9 月 28 日，谭嗣同等"维新六君子"在"京菜市口从容就义。

谭嗣同字复生，号壮飞，湖南浏阳人，父亲刘继洵是湖北巡抚，16 岁就到新疆巡抚刘锦棠帐下当幕僚。刘锦棠离任，年轻的谭嗣同在之后的十年里游历了新疆、直隶、甘肃、陕西、河南、湖南、湖北、江苏、安徽、浙江、台湾各省。在十年漫游中，谭嗣同增长了见识，同时也深入地了解了当时中国的现状。

中日甲午战争，堂堂中国却被小小的岛国日本打败，这比被西方列强打败更为强烈地震动了当时的士大夫和思想开明的知识分子。而立之年的谭嗣同悲愤万分，他深入地思考了当时的局势，终于认识到中国要想摆脱被列强凌辱、宰割的命运，不能单纯的学习西方的先进技术，只有从思想上进行变革，改变数千年形成的保守僵化的观念，才能真正地走上强国之路。

当时陈宝箴、黄遵宪主政湖南，他们锐意革新，各地的维新之士纷纷来到湖南。谭嗣同也回到家乡倡导新学，他在长沙开办时务学堂，邀请梁启超担任总教习。学堂的教员都是思想开明的有识之士。

他还为《湘学新报》、《湘报》撰写了许多倡导变法的文章。一时湖南风气大开。

当时年轻的光绪皇帝也急切地想走强国之路，他接受了维新变法的主张，1898 年 6 月 11 日，光绪皇帝颁布维新诏书，从这天起发布了一系列变法的诏书：鼓励官吏百姓向皇帝上书；民间可以自由开办报馆、学会，废除八股文，兴办新学，派留学生出国；鼓励民族工业等。

一位大臣举荐了谭嗣同，他被征召进京，光绪帝听取了谭嗣同的变法主张，十分赞赏，破格任命他为四品军机章京，当时军机处是清廷最重要的部门，负责全国军政，谭嗣同和与杨锐、林旭、刘光第共同参与维新变法，被称为"军机四卿"。当时光绪名义上已经亲政，但实权依然握在慈禧太后的手里，光绪虽然发布了一系列维新变法措施，不但都得不到实施还引起了慈禧的震怒，准备返回紫禁城软禁皇帝。

当时掌握兵权的将官之中，只有袁世凯力主变法，谭嗣同请光绪召见袁世凯，并加以封赏。当天深夜谭嗣同前往袁世凯的住处，拿出光绪的密诏请求袁世凯救援。袁世凯表面应承，回到天津后却向荣禄告密。

谭嗣同正和梁启超在住处谋划营救光绪的事，忽然听说康有为的住处被抄了，接着慈禧发动政变，囚禁光绪的消息传来。谭嗣同从容

地对梁启超说："皇上我们没救成，现在康先生我们也救不了，不过我们还是应该尽力试试，你快去日本使馆，日本人钦佩康先生，通过外交途径也许能救出康先生。"梁启超动身去日本使馆。谭嗣同找到熟悉的武林高手"大刀王五"等人设法营救光绪，但是没有成功。

谭嗣同到日本使馆去见躲在那里的梁启超，把他的文章著作和几封给家人的信交给梁启超，梁启超劝他一起逃往日本，谭嗣同说："没有人走，将来就没有希望，没有人死，怎么能唤起后来人呢？现在康有为先生生死未卜，月照、西乡（日本明治维新时的维新派人士，一个就义，一个流亡，后来终于完成维新）你我分担了吧。"日本使馆的人也极力劝他到日本去，谭嗣不同意，他们又苦苦地劝了好几次，谭嗣同大义凛然地说："各国变法，无不是流了血才成功的，而中国从来没有人因为变法而流血，这就是国家之所以不昌盛的原因，如果要有为变法流血的人，那么就从我谭嗣同开始吧！"

几天后谭嗣同在菜市口刑场从容就义，年仅 33 岁。

他在狱中写的那首诗，已经成为后人传诵的名篇：

[JZ（] 望门投止思张俭，忍死须臾待杜根。

我自横刀向天笑，去留肝胆两昆仑。[JZ）]

25. 康有为立志变法

康有为，字广厦，号长素，广东南海人，从小生活在封建的儒家教育环境里，聪明好学。按照书上圣人说法，中国是"天朝大国"，外国是没有文明的落后地方。可后来他读了一本介绍外国情况的书，眼界开阔了，才觉得外国并不像圣人们说的那样落后，他们有兵舰和大炮，还有一套比中国先进的治理国家的理论和方法。他在 22 岁的时候去了香港，对外国人管理社会的办法有了初步认识。后来他又到了上海，看到了很多翻译成中文的外国书。康有为在那些书里知道，原来俄国和日本也是很贫穷的，后来实行了很多由内而外的变革，很快强盛起来。康有为想到，如果中国也像他们国家一样搞改革，不是也可以由弱变强吗？想到这里，他很高兴，好像找到一付医治中国的药方。他决心凭这个"药方"去干一番大事业。

1888 年，康有为到北京参加乡试，被主考官评为第三名举人。

可是到发榜的时候，他的名字却不在榜上。原来康有为曾经给光绪写过一封要求实行改良的信，他在信上说，现在国家处在危急关头，如果赶快变法，还能挽救。再拖上几年，就不可收拾了。一个顽固透顶的叫徐桐的老官僚看到了这封信很生气，他认为，像康有为这样的小人物，居然要皇上实行变法，是一种"越格犯上"的行为，这种人怎么能用呢，于是他就派人把康有为的名字划掉了。

康有为落榜以后，心情沉重地回到故乡。他决心培育一批人才，同自己一道推动中国的变法。他自建的学堂名字叫"万木草堂"，康有为把课堂当作宣传变法的讲坛。他对学生分析了中国现在的形势，外边是强敌入侵，国内灾难不断，当官的吃喝玩乐，百姓民不聊生，我们的国家正在危急存亡关头。最后总结道，我们的国家为什么像现在这样，就是因为没有像其他国家一样实行变法。学生们听到康有为充满感情的讲解，大受感染。

1895 年 4 月，一千三百多个举人联名给光绪皇帝上书请愿。史称"公车上书"。这次请愿的主要发起人就是康有为。"公车上书"虽然没有阻止《马关条约》的签订，可是康有为变法的主张从此传播到全国各地。

1897 年，康有为看到祖国的大好河山，又被帝国主义强盗强行割去不少，心中忧虑。第五次上书给光绪皇帝要求变法。后来等到全国举人到北京考试的时候，康有为联合举人们，成立了"保国会"，并发表了慷慨激昂的演讲，他认为我们的国家到了危急时刻，祖宗之法非变不可。顽固派看到康有为组织团体鼓吹变法，非常恐慌，上书给光绪皇帝，诽谤康有为。在顽固派的高压下，"保国会"解散了。可是维新变法的呼声却越来越高了。

康有为变法的主张，慢慢地渗入到光绪皇帝的心里。1898年6月11日，光绪皇帝发布诏书，决心实行变法。几天后，他在颐和园的仁寿殿召见康有为，想当面听一听康有为的意见。他们分析了国内外形势，谈了两个小时。光绪皇帝坚定了变法的决心。他让康有为担任一个很重要的职务，康有为的变法劲头更大了。

康有为没有想到的是，变法很快就失败了。光绪皇帝宣布变法一百零三天后，慈禧太后就发动政变，把光绪皇帝囚禁起来。慈禧派兵捉拿康有为，结果扑了个空。原来光绪皇帝意识到情况不妙，在慈禧政变的前四天给康有为写一封密诏，要他离开北京到上海去。经过一番惊心动魄的逃亡，康有为到了香港，后来辗转到了欧洲，过着流亡生涯。

戊戌变法失败以后，许多人认识到，清政府已经不可救药。必须推翻它，建立新的政权，这样中国才会有救。可是康有为认为皇上是圣明的，他要鞠躬尽瘁报答皇帝，不肯加入到革命党中去。

后来，康有为表示一直忠于被推翻的清朝，知道溥仪被赶出皇宫，他还赶去朝见。

康有为落伍了，这个曾经领导了一代革新运动的人，到了晚年又成了守旧势力的代表。1927年，这位年近70的老人孤零零地离开了人世。

26. 詹天佑力担重任

1890 年，清政府想要修一条从北京到沈阳的铁路，这条铁路由英国总工程师金达指挥。在经过滦河的时候，要修一座桥，这个工程却让这位大名鼎鼎的英国工程师大伤脑筋。经过几天的观察和思考，这位英国工程师只好把这个工程交给了日本和德国的一些承包人来完成，结果他们都以失败而告终。

其实中国早在 1887 年就已成立了自己的铁路公司。但是当时执政的清政府对自己的技术人员不信任，总是把修铁路的大权交给外国人。

对滦河大桥束手无策的英国工程师金达找到了中国铁路公司的工程师詹天佑，他一脸愁苦地对詹天佑说："詹先生，这个滦河工程看来我们老外是拿不下来了，你看你们中国人是不是有新的办法。如果能行的话我就把这个工程交给你了。"

詹天佑在看完金达的设计图纸后说："如果你的设计方案能改动的话，这个工程我会很快把它完成的。"

着急的金达看见詹天佑已经同意承接这个工程，高兴得连忙答道："可以，可以。"

詹天佑经过反复的研究和考察，发现滦河的建桥地点选得不是地方，因为这一带滦河的土质有问题。詹天佑改变了建桥地点，并大胆地采用了压汽沉箱的办法，让中国的潜水员下河操作，结果终于成功地打下了桥桩。就这样滦河大桥在詹天佑的指挥下建成了，那些外国工程师都目瞪口呆，不得不对中国工程师另眼相看。

詹天佑 1861 年生于广东南海，童年在私塾读书。旧时的孩子上学主要的课本就是四书和五经一类的古书，詹天佑自小并不喜欢这些东

西，他喜欢的是用泥土做各种各样的玩具，并常常和小伙伴们到附近的一些工厂里去拾小螺帽，詹天佑因此收集了各种各样和不同型号的螺帽。

11 岁那一年，詹天佑来到了香港，并考取了技艺学校，他在技艺学校刚上了一年的学，就碰上了清政府在上海设出洋局，政府需要招收一批儿童到美国留学。詹天佑的父亲听说这件事以后，便去替儿子报了名，就这样詹天佑在香港参加了考试，并顺利地通过了考试。

1872 年 7 月，12 岁的詹天佑作为中国第一批留美官费生前往美国去读书，在那里他先后读完了小学、中学并以良好的成绩考取了著名的耶鲁大学。在耶鲁大学里他攻读了土木工程和铁路工程专业，并于 1881 年以优异成绩学成回国，那一年他只有 20 岁。

当时中国守旧派官僚们对于铁路修建事宜既恐惧又反感，认为是"破坏风水、冲动地脉、让我们的祖宗在地下不得安宁"。这一来就使得学业刚结束的詹天佑英雄无用武之地。詹天佑只好改行到福建水师学堂学习驾驶海船，然后分配到福建水师"扬威"号旗舰上去担任驾驶官。

1884 年，中法战争爆发，詹天佑驾驶的"扬威"号参加了战斗，因为"扬威"号的指挥官张成半路逃跑，詹天佑主动担任了指挥官，并将敌人的旗舰狠狠地教训了一顿。

几年后，随着中国铁路公司在天津成立，詹天佑才得以旧梦初圆。滦河工程的建成不仅为中国人争了光，同时也为詹天佑以后的工作打下了一定的基础。

在这之后，中国决定修建北京到张家口的铁路，因为铁路所经之地是我国的经济和军事重地，所以英国和俄国都争着要修这一条铁路。后来双方争执不下，就对当时执政的清政府表态："这条铁路除非由中国人自己来修，我们就不过问此事了。"

　　清政府于是决定自己来修建这条铁路。1903 年，清政府终于起用了中国自己的铁路工程师詹天佑来修建京张铁路。外国人听到这个消息以后，都大为惊讶，他们认为按中国人的实力再过 50 年也完成不了这个工程。以至于詹天佑在给自己美国的一位老师写信的时候说："如果京张铁路工程失败了，它不仅是我一个人的不幸，同时它也会给中国人民带来巨大的损失，我想我会用我所有的精力和时间来完成这一工程，这也是我坚持担当这一工程的一个重大原因。"

　　从北京到张家口的铁路全长 200 公里，这条铁路不仅要经过崇山峻岭的燕山山脉，同时还得穿过号称天险的居庸关、青龙桥、八达岭一段，这些困难没有把詹天佑给吓倒，他决定用穿山洞打隧道的办法，穿过燕山山脉。京张铁路仅仅在燕山山脉就打了四条隧道，最长的隧道有 1091 米。

　　打隧道虽然是一个解决火车如何穿过燕山山脉的一个方法，但是这个方法对贫穷的中国来说有些难处，因为这样一来，消耗的资金不仅很多，同时还占用过多的劳力。经过反复的研究和探讨以后，詹天佑在修建居庸关、青龙桥、八达岭一段时便采取了"人"字形的方法铺铁轨，让火车用两个大马力的火车头前拉后推，然后到交叉点以后再调换方向。这样循环交替，结果火车就能平平稳稳地上山了。后来人们为了纪念詹天佑的伟大壮举，在青龙桥车站为他立了铜像。

　　1909 年 8 月 11 日，京张铁路终于完工通车了，并且比原计划提前两年完成。詹天佑的方法为国家节余了 28 万两银子。这条铁路的修建成功也使得外国人交口称赞。接着詹天佑又担任了川汉粤川铁路总工程师，并都圆满地完成了任务。詹天佑为中国铁路事业作出了巨大贡献。

27. 赵九章酷读成才

赵九章，河南开封人。世界著名的动力气象学家、地球物理学家、空间物理学家。

幼年的赵九章，聪明好学，深受老师和同学们的称赞。他9岁时，就能整本地背诵《千家诗》、《唐诗三百首》、《诗经》、《幼学故事琼林》等书。

然而，中国这片古老的土地，从来就没给那些莘莘学子安排一条平坦之路。

1921年秋，由于家庭生活极端贫苦，勤奋好学的赵九章被迫辍学。年仅14岁的赵九章，只好到开封的一家小交易所，当了一名店员。

旧社会的店员，是个苦差事。赵九章在这个交易所吃尽了苦头。但是，赵九章胸怀大志，在奴隶般的苦难岁月里，他憧憬着幸福的到来。他发奋读书，孜孜不倦。

他干完一天的活，不顾劳累，将愤慨、不平、忧虑全抛到九霄云外，点上煤油灯，一直读书到深夜。他特别喜欢自然科学方面的书。每当得到这类书时，他都如获至宝，能一口气读到雄鸡唱晓。

有一天半夜，赵九章正专心致志地在昏黄的灯光下读书，被老板娘发现了，像熬了她的心血似的，她把赵九章骂得狗血喷头，直到赵九章答应她不再点灯看书，方才罢休。但赵九章并没心灰意冷，而是百折不挠，千方百计地继续攻读。他把书上的公式、定律等按顺序剪下来，放在衣袋里。他背着老板娘，一有时间，就掏出一张看上两眼，连走路的时候，也一张一张地掏着看。锲而不舍，金石为开。在半年

多的时间里，他用这种方法学完了一本初中的《物理学》。

也许是上苍对他的厚爱吧，他的一个姑妈了解到他的处境，深知赵九章聪明好学，是个追求上进的好苗子，如果不上学实在太可惜了，就主动提出愿意资助他上学。从此，赵九章走出了命运的低谷。

1922 年，他以优异的成绩，考入了中州大学附属中学高中部。

28. 铁军 15 岁上大学

铁军刚刚懂事，爸爸妈妈就常常给他讲故事，读连环画，再大一些，就给他朗读中长篇小说。当他年龄稍长，发现爸爸妈妈那些讲不完的有趣故事，原来都是从书本上看来时，从此，他就不再缠着爸爸妈妈讲故事了，他自己会看。

6 岁的小铁军，读得如痴如迷。他读了《十万个为什么》、《小灵通漫游记》、《神笔马良》、《科学家的故事》等。7 岁时他能读《水浒传》，还能活灵活现地给四邻同龄的儿童讲述。听他讲故事，不但小朋友入迷，连爸爸妈妈也听得津津有味。

1998 年小铁军 9 岁，报纸上报导了中国科技大学少年班开学的消息，他心里非常激动。他想：谢彦波才 11 岁，小学生也上大学。他是从三年级开始自学的，我不也是三年级吗？他能自学，我也能自学。

从此，小铁军开始自学。他每天晚上用 1 个小时自学数学，用了 90 个夜晚，把小学四至五年级的数学课程全部自学完了。接着，他参加了升学的考试。年仅 9 岁的铁军，以 4 门总分 365 分的优异成绩，夺取了全县第一名。

令人遗憾的是，县里有那么一位副局长，压根就不知奇才、神童这码事，他不能接受这样的事实。结果小铁军以全县第一名的成绩却

名落孙山！

青山遮不住，毕竟东流去。小铁军年仅 15 岁时，以总分 593.5 分的优异成绩考入了中国科技大学少年班，名列全国少年班考生第一名，并荣获首届全国少年科学奖一等奖。

29. 罗纶人穷志高

罗纶，明朝有名的经学家。

罗纶幼年，家境贫寒，十分艰难。经常靠向邻家借米度日。但小罗纶的品质高尚，不因贫贱而行为不端。在母亲的教育下，罗纶很小就开始读书，吟诗作文。

在他 5 岁时，有一次随母亲出外做客，在途经一果园时，突然一阵大风吹掉树上许多果子，路上同行的几个孩子一齐奔上前去争抢着落到地上的果子吃，只有小罗纶不为所动，依然站在那里。主人看到小罗纶的表现，深为赞赏，悄悄对他母亲说："你这孩子可真懂礼貌啊！"说着，主人从树上摘下许多大果子，送给小罗纶吃。罗纶这才伸手接过来，口中还连连道谢。

一个幼童能懂得不是自己的东西决不能伸手去拿，这实在是难能可贵。俗话说："小时偷针，长大偷金。"良好的品质是自幼养成的，恶劣的品质，同样也是自幼惯成的。

由于家里贫穷，小罗纶不能上学读书，七八岁时，就上山砍柴、放牛。家境尽管如此艰难，他却抱有大的理想，经常利用空闲的时间来读书。当时他的远大志向不被小朋友理解，他们见罗纶读书那样入迷，都嘲笑他为"书痴"。

罗纶最感兴趣的是经学，最崇拜的是圣贤之人，追求的是高层次、

123

高品位的人生境界。他常说："科举考试并不能毁掉人，只不过许多人自己毁掉自己罢了！"他对科举制度，既不全赞同，又不完全否定。

知府很欣赏小罗纶的才华和品德。当了解到他家的贫苦后，就派人给他送来一些粮食、布匹，但小罗纶从不接受。

30. 李耕广采博学

李耕是我国独树一帜的著名画家，传有"北齐南李"之说，与齐白石相提并论。中国美协主席蔡若虹认为我国古典人物画技法流传至今，保持最完整者，唯李耕一人也。

李耕自幼生活在一个民间艺术氛围极高的家庭里。

李耕的祖父李泰，聪明能干，多才多艺。父亲李步丹，擅长画像，画得惟妙惟肖，又善画壁画，悬臂提腕，挥洒自如。

李耕从小就有绘画的极高灵气，3岁时，他就能见啥画啥，他能画羊抵角、马奔跑、驴打滚、鸡长鸣……画得虽然幼稚，却形态逼真，显露出才华。他5岁就能画人物画，家里人：爷爷、爸爸、妈妈……看完戏，台上的人物生、旦、净、丑都画得姿态生动，栩栩如生。

"贫门出贵子。"李耕幼年时，家中十分贫寒，母亲长病难医，借了二百多元钱的债，无力偿还，他的两个姐姐，被迫送给人家当童养媳。他13岁那年，母亲去世，家境更加贫困不堪，他只好跟着父亲浪迹江湖，卖画度日。

五里长堤，要建座风雨亭，他父子二人就在亭子中画彩绘装饰；山中修建庙宇，他们就在肃穆的大殿里绘制壁画。在流浪生活中，清茶淡饭，生活非常清苦。但这绿水青山，白云彩虹，孤亭古寺，荒村野景，开拓了他的视野，陶冶了他的心情，给他提供了大量绘画素材，

也为他安排了得天独厚的学画、学诗、学文的环境。在这段日子里，他除了跟父亲学画，还学习了《诗经》、《论语》、《孟子》等古典读物。还跟庙里的和尚学琴、棋、书、画。小小的李耕广采博学，揣摩品味，这都为他的艺术创作打下了坚实的基础。

李耕又曾随父到青斜一带画画。青斜景色优美动人。李耕终日抱着画卷，沉浸在如画的山水之中，他的心情、气质、情操、才智和大自然融为一体。美丽的大自然，孕育着美的人物、美的作品，它们完全融合在一起了。当地有名的秀才孙立夫，学识渊博，又写得一手好字，行书、楷书，都写得俊逸雄劲，诗词也写得不俗，他看李耕谦虚诚恳，才华惊人，一口答应收下李耕做徒弟，他指点李耕写诗作赋，提高了李耕绘画的素质。

李耕还拜德化名师福田为师，学到了一手七弦琴，那古雅悠扬的琴声，丰富了李耕绘画的情韵，陶冶了他的志趣和情操，使他终成一代知名画家。

31. 王闿运 "以勤补拙

王闿运，1933 年生于湖南省湘潭县，是清朝著名的文学家。

王闿运到了上学年龄之后，父亲就送他到私塾读书。他生性愚鲁，智商低下，那些学童一天能背熟的书，他吭吭哧哧地三天也背不熟，他不知挨了老师的多少板子，流了多少眼泪。

可王闿运却有那么一股倔强劲，打死了也不服输，像个拼命三郎。书背不熟，他就不停地背，背不下来就不吃饭、不睡觉。大人心疼他，叫他休息一会儿，他只当没听见，非背熟不止。

"勤能补拙，铁杵磨针"。由于他这样拼命地用功，结果他后来不但赶上了别人，而且还远远超过了其他的学童，竟然出人头地了！

他6岁那年，不幸父亲去世，家境变得十分贫寒。叔父看他可怜，又勤奋好学，就在他12岁那年，带他去宜章县读书。后来见他有长进，就送他到省城长沙的城南书院就读。

王闿运13岁时，一部《十三经》已能背得滚瓜烂熟，还抄了两遍。朱子（朱熹）注的《论语》更是倒背如流。

清朝末年，他曾讲学于成都尊经学院，赐翰林院检讨加侍讲衔。辛亥革命后，任清史馆馆长。一生中写出了多部精品杰作。

32. 冯如上天

冯如，1883年出生于一个贫穷的农民家庭里。他自幼心灵手巧，非常喜欢摆弄各种小物件，简直到了如痴如迷的程度。他用灵巧的小手，做出的小工艺品，件件精妙绝伦，惟妙惟肖。

小冯如自幼气质不凡，胸怀大志，一心想走出家乡这片狭小的天地，到一个广阔的大世界里，干一番大事业。12岁的冯如，怀着"好男儿志在四方"的大志，来到舅父家所在地——美国圣弗郎西斯科（旧金山）做工。百闻不如一见，美国繁荣的经济，精巧的工艺，使冯如意识到，西方国家之所以富强，是由于工艺发达，它是以机器为基础的社会。这使他深深感到，要使中国由弱转强，非学习制造机器，发展工艺不可。

后来，冯如转往纽约做工。他省吃俭用，从微薄的工资中，挤出钱来，购买了许多有关机械的书。他白天紧张地劳动，晚上灯下攻读。那些庸俗之辈，觉得一个小工人，还学什么机械学，还能当上大老板？就歧视他，讽刺他。有的厂主看他一门地研究学问，怕影响干活，就炒了他的"鱿鱼"。

无论是被歧视，还是被解雇，都动摇不了冯如的坚定信念。几年的时间，他就积累了广博的知识，对当时几十种先进机器无不通晓，而且还发明了抽水机和打桩机。他制作的一种无线电报机，能发能收，电码灵敏准确。

1909 年，冯如制造了中国第一架莱特式飞机，在奥克兰上空翱翔了 2640 英尺，揭开了中国航空史上的第一页。它的航程等于飞机发明者美国的莱特兄弟 1903 年首次试飞航程的三倍还多。

冯如，终于成了我国第一位飞机制造家，杰出的全能飞行家。

33. 周轻鼎"小技雕虫"

常言道："百里不同风，十里不同俗。"在周轻鼎的家乡湖南的农村有一个习俗：每年的春节、元宵节，家家户户都用米粉做些鸡、鸭、牛、羊、狮子、麒麟、大象等来敬神祭祖。

轻鼎的母亲心灵手巧，她用柔软的一团米粉，就能捏一些活灵活现的小动物，真是绝活，令人赞不绝口。她更擅长捏那些麒麟、狮子一类复杂的吉祥物。

妈妈是轻鼎的雕塑艺术的启蒙教师。每当妈妈在捏这些吉祥物时，他总是呆呆地坐在妈妈身边，一双稚气的大眼睛专注地望着妈妈那双灵活的手。

敬过神、祭过祖，妈妈把这些小动物分给小轻鼎吃，他留下它们。望着手里那些惟妙惟肖的狮子、大象、麒麟等，他舍不得吃，细细地端详，细细地琢磨。看着看着，手里有点痒，他也想模仿着做一只。

从此，每年的春节、元宵节，当妈妈做这些小动物时，身边就多了一个小学徒。轻鼎的一双柔嫩的小手也在捏小鸡、小鸭、小兔……从简单到复杂，他开始捏狮子、大象、麒麟……他边学边做，由粗到细，越捏越像了。

轻鼎的兴趣越来越浓，一双小手不停的捏呀，捏呀。

米粉很贵，只限于春节、元宵节时才能捏几个，泥巴遍地是，又不用花钱，他就用泥团来捏。一团泥巴在他手里，一会儿就捏只小兔。"真像真像！"小伙伴们欢呼着，跺脚、拍手地喊叫，流露出羡慕的目光。

有一年冬天，湖南普降大雪，大地上铺了一层厚厚的雪。孩子们激动了，在雪地上跳着，追逐着。小轻鼎却望着满地的积雪出神。蓦地，他脑海里闪跳出一个新奇的主意：这满地的积雪，不可以代替米粉或泥巴吗？用这些如玉似银的积雪，雕塑麒麟、狮子、大象……该多美啊！于是小朋友们欢呼雀跃地一会儿就堆起一个个雪堆。孩子们的喧闹声惊动了轻鼎的父亲。父亲是一名秀才，靠辛勤的舌耕维持生计。有时也给人家写写字，画点画。他走出门，只见小轻鼎忙得满头大汗，已雕出了麒麟、狮子、大象等，个个形态逼真，晶莹光洁，像玉雕一般，如同出自雕塑家之手。他惊喜不已，突然发现了儿子有雕塑的天赋和才能，将来也许有大的造就吧！他深深知道，任何艺术都不是浅薄的。雕塑艺术也需要坚实丰厚的基础。父亲要培养儿子与雕塑有关的功夫。他教儿子读古诗，练毛笔字，学绘画。在暗淡的灯光下，他教儿子读《唐诗》、《古文观止》。在父亲的培育下，周轻鼎雕塑艺术的基础也是丰厚的、坚实的。

如今周轻鼎已是世界著名的雕塑家，他雕塑的各种动物，已成为雕塑艺术中的瑰宝，走进了世界艺术之林。巴黎艺术馆里，有他年轻时在法国得奖的作品；美国收藏家里的玻璃橱窗里，有他早年的作品；在意大利、荷兰、丹麦、日本、香港等地，也到处可见周轻鼎的动物

雕塑，它们都被人们当做艺术珍品收藏着。

34．孙中山不背死书

被炎黄子孙尊为"国父"的孙中山领导了辛亥革命，结束了两千多年的封建君主专制制度，建立了中国历史上第一个共和国。

孙中山自幼善良、正直而又不安分。

孙中山10岁入私塾，学的是《三字经》、《千字文》、《幼学故事琼林》和四书、五经之类。私塾学童都是些10岁左右的孩子，涉世不深，加上书中文句艰涩，像读天书。而私塾里教书，从不给学童讲解。学童背起来很是吃力。一天，王老师让一个学童背书，那学童吭吭哧哧，怎么也背不上来。小中山坐在那里，替学童着急，况且他对这种陈旧的学习方法早已不满，他一下子站起来，喊了一声："先生，我觉得这样背书没意思！"

"什么？岂有此理！读圣贤之书没意思，什么有意思？出海下田，还是舞枪弄棒？"王老师语含讥讽。

原来孙文（孙中山之原名）是农家出身，有时下田种秧，有时随外祖父下海。他心中不服，心想：不出海下田吃什么？不舞枪弄棒，岳飞怎能大败金军，尽忠报国；戚继光怎能战胜倭寇？想到这里，他理直气壮地说：

"出海下田，舞枪弄棒，总还有点用吧！"

"放肆！"老先生一声怒喝，用火辣辣的目光逼视着孙文。孙文毫不畏惧，迎着那逼视的目光问道：

"先生，如果读不懂，还读它干什么？"

老先生气得发抖，急令孙中山背书。

孙文为了争口气，把书背了一遍，老先生找回了面子，火气也就消了。

有一天，孙文放牛回家，一进门，就听到姐姐孙妙西在屋里不停的哭泣，哎哟哎哟地呻吟着。妈妈无可奈何地坐在姐姐身边安慰她："自古以来就是这样，女子不缠足怎么行？"小孙文按捺不住了，辩到："怎么不行？太平军里有女兵、女将、女状元，都是大脚，叫'天足'呢，骑马射箭，行军打仗，跟男人一样，那有多好。"母亲也点头称是。正是这些种种不合理的现象，才使孙中山先生自幼就萌发了革命思想，坚定地踏上了革命之路。

35. 恽代英读书致用

恽代英（1895—1931），又名遽轩，字子毅，笔名代英、但一、天逸等。原籍江苏武进，出生于湖北武昌。中国无产阶级革命家，中国共产党早期青年运动领导人之一。

恽代英幼年时就十分用功学习。在家塾里读了不少线装书，母亲陈葆云就是他的启蒙教师。陈氏出身于仕宦之家，颇有旧学根底，经常教育恽代英学习唐宋词诗。恽代英在武昌北路高等小学堂读书时，因为勤奋好学、聪慧睿智、文才出众，被国文老师誉为"男奇儿"。

辛亥革命前，14岁的恽代英随父母去鄂西北老河口。他在父母指导下，在家读书。通读了《古文观止》、《战国策》、《饮冰室文集》等书。其中梁启超的《饮冰室文集》最使他感兴趣，他从中受到了西洋新学和民主主义思想的熏陶。尚未成年的恽代英，在读书学习的同时，还坚持写日记，反省自悟，坚持从各方面来锻炼自己。

1913年，恽代英18岁时，考入武昌中华大学文科学习。他读书非常勤奋，为了寻求改造社会、改造中国的真理，他废寝忘食地学习着，广泛地涉猎各个学科的书籍，如中外古今的历史、哲学、文学等著作。他特别注意对社会实际问题的研究，注意将革命理论与革命实践结合起来，并开始为上海的一些报刊写稿。"五·四"前文为《东方杂志》、《新青年》杂志等刊物撰写文章数十篇。在这些文章里，抨击封建主义和帝国主义，积极倡导民主与科学，提倡民权思想，对劳苦大众表示了极大的同情。

1917 年，为了救国济世，恽代英又和他的挚友黄负生、梁绍文、冼震等筹办成立了互助社，出版了内部刊物《互助》。互助社的社员们，经常在一起座谈读书体会，介绍个人思想修养方面的心得，开展对国家大事、社会问题自由的、热烈的讨论。恽代英还在互助社里提出了"夫智仁勇三者，一贯之德也，研究以广其志，实行以增其勇，于以求仁"的道德标准，制定了"不谈人过失，不失信，不恶待人，不作无益事，不浪费，不轻狂，不染恶嗜好，不骄矜"的戒约八则，注意德、智、体的全面培育，建立了良好的学风，对于形成学人的良好道德素质和做学问的修养，发生了深远的影响。互助社的许多成员后来成为"五·四"运动的骨干。

36. 任弼时立志报国

任弼时（1904—1950）湖南湘阴县人。伟大的中国无产阶级革命家，中国共产党卓越的领导人之一。

任弼时从小爱学习，四五岁的时候，就在父亲的指导下开始练习写字。但还非常喜欢父亲给他讲历史上志士贤人勤学、勇敢和爱国的故事。

　　他七岁进入初等小学学习，学习很刻苦。9岁时，曾写过一篇《自立》的作文，文中说："世界之人，皆以自立为要。吾国四万万同胞，欲保国家，非自立不可。"立下了为中华新生、独立、富强而学习的志向。

　　1920年，赴法勤工俭学的热潮在全国掀起之后，任弼时与毛泽东在长沙领导的革命组织——俄罗斯研究会取得了联系，从研究会中了解到十月革命后俄国的一些情况，心中暗暗激起了对无产阶级革命圣地的向往。任弼时决定去俄国勤工俭学。

　　任弼时到俄国后，进入了斯大林东方共产主义劳动大学学习，集中学习马克思主义，学习十月革命经验。他学习非常认真刻苦，出了教室，就走进图书馆。为了尽快精通俄文，他常常找到俄国同学交谈，以纠正自己在语法、语音方面的误差。这样学习一段后，他就能直接听俄文教师讲课和阅读俄文报刊书籍了。他读书不是死记硬背，而是注意掌握书刊的基本精神和内在联系，剖析知识的重点、难点和特点，全面的评估和进行有效地消化理解；他善于捕捉书籍中的精髓、要旨和特色之处，思维灵活、敏捷、开阔，常常有新颖而独特的理解体会。

　　他不仅自己努力学习，还热心帮助其他同学，经常利用星期天去给俄文差的同志补习功课。张太雷对任弼时这种治学为人的精神推崇备至，瞿秋白也感叹地赞扬任弼时是一个诚实而用功的学生。

　　任弼时在东方大学学习时，注意联系中国社会的现实和革命的实际，经常思考中国革命的前途问题。

　　1924年，20岁的任弼时从俄国回到上海，从事党和团的基层干部的训练工作，亲自给学员讲授共产主义ABC。因为他讲课理论联系实际，深入浅出，很受学员的欢迎。他运用马克思主义研究中国的工运和青年问题，积极组织青年们投入反帝反封建的"五·卅"运动，并且撰写了《上海五·卅惨案及中国青年的责任》等文章，揭露了帝国

主义的反动暴行，总结了中国青年运动的历史经验。

37. 陈毅酷爱读书

陈毅（1901—1972），四川乐至人。中国无产阶级革命家、军事家，中国人民解放军杰出的领导者与组织者。

陈毅自幼好学，酷爱读书。他看起书来，非常专注，有时废寝忘食，达到了入迷的境界。

有一次，他正在专心致志地读一本书，母亲让他上街去买些绿豆。正读到紧要的时候，不忍心放下书，于是他一手提着篮子，一手拿着书，边走边看，一门心思都扑在书上了。集市喧闹繁华，人来人往很热闹，陈毅专心读书，并没有注意，竟连连撞到别人身上。忽听有人高声叫嚷："卖豆啦！卖豆啦！"他急跑过去，头也不抬，便说："买豆。"他买完豆匆匆回到家，放下篮子，又捧着书读起来。

一会儿，母亲走过来拧了下陈毅的耳朵，说道："你呀！看书都看呆了，你看看你买的是什么豆子。"陈毅跑过来一看不觉也大笑起来，篮中装的不是母亲让买的绿豆而是豌豆。就是由于这种强烈的求知欲，他阅读了许多中外著名书籍、丰富了他的视野和知识面。

陈毅投身革命后，面对新的形势，他更感到学习的迫切性，于是更加勤奋学习，刻苦读书。1934 年中央红军长征后，陈毅领导红军在江西苏区一带进行游击战斗。当时，我军处于敌人封锁圈内，条件十分恶劣，就是在这种非常艰苦的条件下，陈毅仍然天天坚持读书。

那时，山洞里、巨石旁、草丛中、大树下……都是陈毅学习的地方。有时天上下雨、下雪，眼前没有躲避的地方，他就把雨伞绑在自己身上，依旧专心地学习、读书。

1936 年，由于叛徒告密，陈毅的住地所被敌人团团包围。陈毅机警地隐蔽在丛莽之中，敌人带着猎狗满山搜索，没有找到陈毅，却发现在住地附近有一个包袱。敌人们把包袱打开一看，里面既没有银元、又没有值钱的东西，仅有一堆书籍。敌人惊讶地说："啊，共产党苦得这样，还念书哪！……"

陈毅认准只要坚持不懈，铁棒能磨成针，坚持学习、读书，无论在什么条件下都持之以恒。陈毅逐渐成长为人民军队的杰出将帅和中国无产阶级的优秀政治家，并且成为学识渊博的诗人。

38. 老舍奋发写作

老舍（1898—1966），原名舒庆春，字舍予，北京人。我国著名的现代小说家、戏剧家。

他出身贫寒。1900 年，他刚一岁，八国联军攻打北京，父亲在侵略者的炮火下丧身。母亲拖着 5 个孩子靠给别人洗衣、做活养家度日。

老舍 7 岁那年，靠一位乐于行善的大叔才进了私塾，开始他的学生生活。后来靠他苦读勤学，考上免费供给膳宿的北京师范学校。

1921 年，他进英文夜校时认识了一位英国教授，又跟着这位教授补习英文。25 岁时，他被推荐去伦敦大学东方学院当讲师，教英国人学中国普通话和"四书"。他在伦敦先后和一位作家及一位翻译家住在一起。他看见他们不论白天夜晚，总是写个不停。一向爱好文学的老舍想，自己念过唐诗宋词，读过许多小说和新文艺作品，又能唱京戏、昆曲，也写过小说习作。又有满肚子的苦汁，何不吐出来？我要大声呐喊！他下定决心拿起笔。利用课余时间和假期，开始了小说的创作。

凡事开头难。尽管过去他也写过论文，写过讲演稿，可正式要写起小说来，并不那么容易。在远离故土的英国伦敦，他怀念祖国，思念家乡，回忆往事，创作的冲动激励着他勤奋苦练，边学边写。他想："十成不能则五成，五成不能则一成半成，灰心则半成皆无。生命断矣！"他还想："字纸篓子是我的好朋友，常常往它里面扔弃废稿，就一定会有成功的那一天。"

终于，他熬了整整一年写出了第一本小说《老张的哲学》在国内发表了，他快活得要飞起来了。接着，他又写了三本小说。

1930 年春回到祖国后，老舍应聘担任了齐鲁大学的教授。从这以后，他在教书的业余时间写作，每年寒假、暑假，是他写作的最佳时期，不管外界有多少诱惑力，也不管条件有多么困难，他天天坚持写作。从开始写小说起，他一连 10 年都没有歇过夏。

有一年，暑假期间，山东济南遇上了奇热，小孩整天哭号，吃不下奶；大人一个劲儿地喝水，吃不下饭。当时老舍正忙着写一本书。他坐在小桌前，左手挥扇打苍蝇，右手握笔写稿，汗不停地流着，不一会儿汗水就顺着手臂流到了写字的纸上，他便把毛巾垫在肘下当吸汗器，坚持写作。他规定自己每天必须写好两千字，否则决不罢休。

不久，老舍离开了教学岗位，成了专业作家，他更是夜以继日地写作。实在疲倦了，就朗读外文小说，调剂调剂精神。老舍的辛勤耕耘，果然结出了硕果。在山东 7 年间，他写了 6 部长篇小说，40 篇短篇小说。

这以后，老舍在抗日战争期间，又写了《四世同堂》等两部长篇小说，7 个话剧，出版了一部长诗集、一部曲艺作品集、两部短篇小说集。新中国成立以后，还写了《龙须沟》、《茶馆》等 24 部戏剧。

老舍成为我国写作最勤快、作品最多、国内外享有盛名的老作家之一。他的许多作品，已经翻译流传国外。老舍用他宝贵的生命和丰

硕的作品，证实了他甘当人民"文牛"的高贵品质和高风亮节。他为祖国为人民献出了自己的一切。

39. 王永庆当"塑胶大王"

王永庆，世界著名的"塑胶大王"。1916 年出生于台湾省台北县新店镇直潭里，祖籍福建省安溪山区。他是工商界巨子，名扬环球，财产约在 40 亿美元以上。

王永庆世代都是普通茶农。家况极穷，一贫如洗，在幼小的心灵里，留下了辛酸的记忆。

他 7 岁时，全家拿出了全部资金，给他买了枝铅笔和一个笔记本，送他上学读书了。10 岁时，苦熬半生的爷爷，把小永庆搂在怀里，语重心长地说："茶山难以为生啊，吃不饱，也饿不死，难熬啊。你这一辈子别困在这里，立志去闯天下吧！"爷爷那沉重的话语，那凄凉的脸色，永远刻记在小永庆的心扉上。也许从这时开始，他立下了闯天下的大志。

小学毕业后，王永庆辍学了。他 15 岁时来到嘉义，在一家米店当小工。差事是四处奔走，往客户家送米。人小志大的王永庆，绝不是吃上顿饱饭，穿上件新衣就能满足的人。他梦寐以求地想当大老板，发大财，使一家人摆脱饥寒交迫的生活。

王永庆每天完成分内工作之后，那闪烁有神的两只眼睛，总是骨碌碌地跟随着老板转。他在暗中观察老板如何经营米店，并一一牢记在心。他常常想：如果我自己拥有一家米店，我也能经营好。王永庆可不是只会幻想的人。他有了这份雄心，就一步一步去实现它。他自己省吃俭用，一点一点攒资本。又利用回家探亲的机会，向父母求助。

一年过去了，父母从亲友那里借到一点钱，他自己也积攒了一些钱，七拼八凑，王永庆终于如愿以偿，在嘉义开了一个小米店。

16 岁的王永庆，当上了小老板。

他琢磨着，经商必须以顾客为上帝，那么就要眼睛盯着顾客，研究顾客的心理，处处为顾客着想。

他到顾客家送米时，默默地记下顾客家里的人数，每日消耗的米量，排出顾客用米的日程。他每次送米时，一定先把缸内剩余的陈米倒上来，把缸底清扫干净，再倒进新米，将旧米放在上层。开店以来，他总是小心翼翼，无微不至，处处为顾客考虑，为顾客服务得十分满意，深深赢得了顾客的欢迎。他的小米店生意非常红火。良好的信誉，促使了事业的发展。不久，他又开了家碾米厂。他把米店、米厂的工作时间规定为早上 6 时到晚上 10 时半，比别人足足迟 4 个半小时关门。

16 岁的王永庆，就积累了丰富的经商经验和一定规模的资金，为后来的大发展打下了坚实的基础。

40. 王亚妮画猴

王亚妮，壮族，中外驰名的小画家。1995 年生于广西恭城瑶族自治区。她的作品，在日本、美国展出后，一时声誉鹊起。

也许是遗传基因的作用吧，小亚妮从两岁起就喜欢画画。她学着爸爸的样子，用胖乎乎的小手拿一枝画笔，神情专注地往纸上涂呀，抹呀。

小亚妮的爸爸，算得上是位高明的教育家，他懂得怎样把他的小天使培养成画家。绘画艺术是以大自然为素材的，需要在大自然里陶冶灵性。爸爸经常带小亚妮去欣赏大自然，去观赏动物园里的各种动物。

动物园是动物的王国。有呆头呆脑的狗熊，凶猛的老虎，温顺的梅花鹿……小亚妮唯独喜欢机灵顽皮的猴子。也许她和猴子有一种特殊的缘分吧，那嬉戏追逐、千姿百态的猴群，一下子引起了小亚妮的兴趣。小亚妮似乎也有一种"猴气"，她像一只顽皮的小猴，蹦蹦跳跳地上了猴山，和猴群尽情地顽耍。仿佛她也变成了一只小猴子。她玩得多么开心啊！

从此，她的灵性融入了猴子王国，她把猴子作为自己惟一的绘画对象。她一遍一遍地画呀，画呀，百画不厌，总觉得眼前有一群千姿百态的猴子。

她的精力全部投入到猴子身上，把人的各种感情全都注入到猴身之中。感情的丰富形象，孕育了神采，小亚妮能够神奇地画出了猴子的情态、神韵，画出了猴子深层次的"魂"。

1985 年，小亚妮 10 岁，她第一次出国在日本举行个人画展，一下就引起了轰动，观展者蜂拥而至，赞不绝口。8 月 16 日的《星期天》杂志，发表了一篇文章，题目是："连莫扎特也会大吃一惊的天才出现了，自 3 岁起，就手握画笔，画出了世界注目的九千幅画。"

1989 年小亚妮 14 岁，她的画展在华盛顿立沙可乐博物馆开幕。她展出的 69 幅作品，再次引起了轰动，她的画和她自身一样，都是那么天真浪漫，淳朴善良，充满童趣。她画的一幅《百猴图》有 6 米多长，画了 112 只猴子。它们个个神态各异，充满情趣，引发了观众的阵阵赞叹。

41．不肯放弃国籍的中国女孩

我只有一个中国

1990 年，聪明伶俐的小王渊离开中国大陆去美国读书，现在是麻省安多弗镇菲利浦高中的应届毕业生。*1998* 年 *12* 月，她以优异的高考成绩被哈佛大学提前录取。

1999 年 *2* 月初，王渊收到一份发自白宫总统学者奖委员会的书面通知，上面写道：她因品学兼优和杰出的领袖才华，被评为 *1999* 年总统学者奖候选人，希望她按时填好申请表格，于 *2* 月 *26* 日之前寄回白宫。

接到这一非比寻常的喜讯，王渊激动万分。但当她细读申请表后，发现获奖人必须是美国公民的规定，王渊当即决定放弃申领。

这个同样非比寻常的决定立刻在学校和家中掀起了不小的波澜……

菲利浦高中的升学辅导员鲁滨逊女士，不仅十分熟悉王渊的情况，还是总统学者奖评选委员会的委员之一。她认为王渊条件很好，评上的可能性极大，而且经过两次核查，证实绿卡持有人只要及时提出入籍申请，在 *6* 月底前被移民局受理，就可获得参选资格。因此，鲁滨逊女士竭力劝说王渊入籍，然后提出申领。与此同时，王渊的父母也希望女儿赶快申请入籍，不想他们的女儿就是不肯从命。

日子一天天滑过，眼看到了 *2* 月 *25* 日，离最后期限只剩一天了。

王渊父母焦急万分，父亲一个电话打到女儿宿舍，向她下了最后通牒，倔强的王渊就是不肯。

父亲生气地说："中国像你这样的人才，有千千万万，又不少你

一个王渊!"

王渊负气答道:"爸爸,您平时一直教育我要爱国,现在您在我心中的地位一下子就没有了。我知道,中国是有千千万万个像我这样的人,但是,我王渊只有一个中国啊!"说完,她就挂断了电话。

王渊母亲当时在另外一个分机上听父女俩争吵,当听到女儿坚决的回答时,她不知道该生气,还是该为女儿感到自豪,千言万语竟不知从何说起,一时间泪流满面,泣不成声。

那个周末,王渊赌气没有回家,就这样,她毅然放弃了申领"美国总统学者奖"的机会。

国籍比总统奖更重要

"美国总统学者奖"决非平平常常的奖项。该奖设立于1964年,全美每年200多万高中毕业生中,最多只有141人获奖。其中除了少数人由于音乐、体育、绘画等特殊才能入选外,大部分是高考成绩优异,并且展现出领袖能力,才被选上的。

这不是百里挑一,也不是千里挑一,而是约两万人中选一个奖项,多少高中生(包括华人)对此殊荣梦寐以求,难道王渊就不动心?

其实,王渊很早就开始关注这个奖项,还剪下不少有关别人获奖的报道,她当然也知道获总统学者奖对自己以后在美国的发展会有帮助。可她就是不愿意"拿一个国籍去换一个奖",哪怕这个奖再珍贵!

有人问她:"你是否准备一辈子不入美国国籍呢?"

王渊点点头说:"我觉得当一个中国人没有什么不好,再说,即使今后入了美国籍,我这次也不想为了拿一个奖,就放弃中国国籍。"

王渊还表示,她计划先在哈佛大学拿到法律学和经济学两个博士学位,然后"为中国做一些事情"。

为什么一个在美国已生活了9年的女孩子,会如此爱国呢?这要到她的生活经历和家庭环境中去寻找答案。

要做一个真正的中国人

王渊父母这次为了女儿日后在美国的前程，苦劝她入籍，但王渊的决定不可不说是受到他们平时言传身教的影响。

王渊的父亲王生启博士，现在在美国汉斯卡空军基地，从事材料研究。早年，他在安徽上中学时，年年都是三好学生，并任学生干部。"文化大革命"后，考上长沙中南工业大学，连续四年是三好学生。留校任教后，也是年年被评为优秀教师，1985 年获得中国冶金部颁发的"优秀教学奖"。

到波士顿西北大学留学后，他连续四年获得科研和教学奖。1996 年至 1998 年，连续三年获得美国科学院所属"科学顾问委员会"的奖金。

母亲段小曼博士，现任麻省理工学院副研究员，还在美国"国家半导体公司"担任高级工程师。由于她对公司的突出贡献，公司把她的大幅彩色肖像永久悬挂在该公司位于加州的总部会议大厅，成为公司历史上享受这一殊荣的两人之一。

王渊父母在美国可说是功成名就，五子登科（博士帽子、票子、孩子、房子、车子），而且都于 1993 年获得了绿卡，但他们都表示今后不会加入美国籍，这种选择无疑对王渊产生了影响。

中国驻纽约总领事馆教育领事和王渊父母很熟，隔一段时间就要去拜访他们，大家在一起往往会畅谈祖国近况，王渊时常在旁倾听。领事馆还赠送了不少中文刊物给王渊一家。

王渊说，她经常阅读《人民日报（海外版）》、《大众电影》、《科学大观园》、《神州学人》、《收获》、《读者》和美国《侨报》。英文的《时代》周刊也是她每期必读的杂志。此外，她还经常看中文录像带。

正因为王渊始终亲近着祖国文化，所以在美国生活了 9 年，她依然能讲一口流利的汉语，并能写一手好文章。

谈起父母对王渊的教育，主要有三点要求：一、做一个真正的中国人；二、作为一个女孩子，交友要谨慎；三、不要自私，要关心别人。在学习方面，他们反而从不对王渊提出任何要求。

在美国脱颖而出

初到美国时，父亲送王渊上了一个双语学校，不久王渊觉得学不到什么东西，就自作主张，进入正规小学，虽然她刚进去时，连英语26个字母都认不全，但智商测验已高达143，是个绝顶聪明的孩子。

聪明加努力，使王渊在不到半年的时间里，就从一个"最差"的学生，一跃成为全年级四个水平最高的A级学生之一。从此她脱颖而出，成为整个波士顿地区华人圈子里的新星。

当地一些中文报纸和电视台，都介绍过王渊取得的荣誉，有些华人家长在教育子女时，还常把"向王渊学习"作为口头禅。王渊成了当地远近闻名的小明星。

但是，王渊自己却对名利一直很淡泊。

她的姨夫说，四年前，王渊回上海时，许多人问起她在美国取得的荣誉，王渊却只是咯咯地笑，并不回答。所以，在姨夫看来，王渊这次拒绝申领总统学者奖并不意外，因为她就是这么个孩子，为了爱好而不是为了得奖才读书，况且她又是个爱国的孩子，让她放弃国籍去换一个奖，她更不肯了。

1995年，王渊以美国东部第一名的成绩考入菲利浦高中，顿时成为当地电视台的新闻人物。

菲利浦高中有222年的历史，是美国数一数二的私立高中，曾培养出总统和许多著名科学家。

菲利浦高中录取王渊时，招生老师对她说，如果上普通高中，她可能继续是个优等生，但菲利浦高中录取的都是世界各地出类拔萃的学生，她在那里念，就要做好成为差等生的准备。

王渊没有被吓退，她说："我宁可做大海里的小鱼，也不做池塘里的大鱼，因为我想看到更多的世界。"

四年来的成绩证明，王渊决不是菲利浦高中的"小鱼"。她每学期都以全 A 成绩登上人数屈指可数的优等生榜，还获得了各种荣誉。

例如，她是《美国高中名人录》特介人物；是美国"荣誉毕业生协会"会员；是 1999 年"全国优秀学生奖"得主；是 1998～1999 学年菲利浦高中惟一获校长颁发"领袖奖"的学生；1997 年，她是全美十年级学生中"学业成就奖"的惟一获奖者。

另一方面，王渊在美国培养了更广泛的兴趣爱好。她小学里学过国画，作业还被挂在教学大楼的入口处作为纪念；初中时，是校乐队的黑管手；她在初中所写的剧本，由学校演出后，获得 1992 年波士顿剧作节特别奖；她在菲利浦高中是女子曲棍球（乙）队队长；她和另一个同学共同创办了菲利浦高中"青年政治家俱乐部"，并任第一届主席。

王渊还是学生校报《菲利浦人》的执行总编，校文学杂志的评论编辑。为了编好一期刊物，她时常几天几夜不睡觉。

去年有一次，她因为编报纸弄到很晚，第二天睡过头，没有赶上早操。结果学校关她禁闭，罚她两个周末不准回家。正巧遇上王渊的生日在其中一个周末，父母只好亲自赶到学校给宝贝女儿过生日。

说王渊傻也可以，说王渊倔也可以，但她确实是个很认真，很有责任心的人。

身在贵族学校，王渊还很关心"象牙塔"以外的广阔世界。

她坚持在多家慈善机构担任义工，每周三～四次，每次两小时，再加上乘车往返一小时，三年来风雨无阻，从未间断。

王渊以品学兼优的表现，每年都获得 22650 美元的全额奖学金。财务处主任在奖学金通过书上写道，颁发给王渊高额奖学金的依据，

除了她优秀的学习成绩，还有"该学生表现出来的领袖素质、高尚品格和无私精神"。

王渊还将继续成长，她的前途是美好的，但愿她能在学成之日，为祖国多做贡献，并且永远保有一颗珍贵的赤子之心。

42. 院士今年十七岁

庞家有女

1987年5月的一天，在浙江湖州一个山清水秀的小村子里，庞淑婕出生了。

小姑娘长得眉清目秀，一双大眼睛乌溜溜的像一泓清泉。也许是受了遗传的影响，小淑婕从小对书报十分喜欢，这使父母非常高兴。因此，经常出门的父亲一有机会就给女儿带回各种各样的故事书、科普书，让孩子从中汲取更多的营养。小淑婕上小学一年级时，已读完了《中国少年奇才》、《中外科学家的故事》等书。有一次，她在翻阅《格林童话》时，被里面曲折的故事情节和精彩的语言描写深深地吸引了。看着看着，一种冲动在她脑海中翻腾，她拿起笔想写点什么，可是笔尖到纸上刚开了一个头，就写不下去了，一连几次都是这样。她苦恼地跑去问母亲。

母亲听了女儿的话，想了想，反问她："你对要写的这件事情熟悉吗？"

小淑婕摇摇头。

"不熟悉，那怎么写得出来呢？"

第二天，母亲特地给女儿买了一本《怎样写作文》的辅导书，指着书中的写作技巧对女儿讲解："要写好文章，必须对每一件事物进

行仔细观察，观察得越仔细，写出来的文章就越形象生动。"母亲的话像一阵清风，把小淑婕心中的迷雾一点点吹散了。

从此，小淑婕对自然界的一切都要用比常人多一分的细心去观察、去感受。

自由放飞

在淑婕上小学时，父亲曾从杭州买回上百元的书法练习用品，每天让女儿抽空挥毫临摹。可是每次看到女儿一握毛笔就面露不悦，他就知道，这是女儿在对他作无声的抗议。后来，他果断地把这项"作业"给停了，女儿又像小鸟一样高兴地捧着她喜欢的书津津有味地看了起来。

这件事后，父亲幡然醒悟，女儿毕竟不是自己，自己的观点思维不能代表女儿。从此，夫妻俩再没有刻意要求女儿朝哪个专业方向发展，也没对女儿的兴趣爱好强加干涉指责，他们顺其自然，任其发展。

淑婕爱好写作，父母就给她买来各种作文参考书和故事书，还借来优秀的古典文学丛书让她阅读。

淑婕想学电脑，父亲便在家里添置了一台电脑。女儿作业完成了，他和女儿一起在键盘上敲打，看着女儿对电脑里的东西充满好奇，他心里暗暗高兴：好奇正是走向深入的开始。

淑婕想学英语，可乡村小学没开此课，父母也不懂英语，但他们还是给女儿买了学英语用的随身听、英语录音磁带，给她借来了英语课本。为了鼓励女儿，给她信心，在女儿学英语的日子里，母亲一有空就陪在女儿身旁，念课本上的中文单词，让女儿翻译成英语，再让女儿对着录音磁带核对。如今小淑婕已把初中第一册的英语教材全学完了。

对于女儿的这些爱好，父亲也没有特别的要求，只是希望她要学就要坚持到底。

好在小淑婕非常自觉，要求也好，不要求也罢，只要认准的事都会有始有终地去完成，绝不受外因影响而动摇。

小荷初露

淑婕所在的雷甸中心小学是所科学氛围非常浓的乡村小学，他们很早就创办了少年科技业余学校。在这所科技业余学校里，学生们除了将学到的文化知识充分运用到科技实践中之外，更多的是培养了学生的观察问题、思考问题及动手能力，并使学生从中获得成功和喜悦。至今学校已有 4 人在国家级的青少年小发明、小制作、小论文"三小"竞赛中获奖。这 4 人里面，小淑婕就是其中的一位。

1997 年 5 月的一天，天空灰蒙蒙的，空气十分憋闷，让人难受。下午课间休息时，校园里已是一片雾气，浓浓的雾气中，还夹着一股刺鼻呛人的酸味，同学们有的捂着鼻子，有的抹着眼泪，有的咳嗽起来，突如其来的怪雾使学校被迫提前放学。

过了几天，校园里青青的绿草干黄了，翠翠的树叶枯萎了，鲜艳的花朵变色了……向来爱细心思考的淑婕看到这不可思议的一幕后，好奇心又起，这到底是什么原因？10 岁的她按捺不住了，跑到科技辅导老师费根华那里想问个究竟。

"你认为这是什么原因？"费老师笑眯眯地反问小淑婕。

"我不知道。"

"不知道除了找老师还可以找书本呀！"费老师的循循善诱提醒了小淑婕。

于是她一头扎进校图书室，在一大摞少年百科全书中，终于发现一个可以佐证的答案："酸雨"能使花草变色枯萎。

高兴之余，爱动脑筋的小淑婕很快冷静了下来，我们校园里的这一花草变色现象是不是酸雨的缘故呢？

于是，在老师的鼓励和指导下，淑婕带着班里的环保科研兴趣小

组开始了实践与探索。

休息日，她们走访校园周围的工厂，寻找污染源，课余对搜集来的材料归类整理分析。最后发现，一些工厂周围的花草枯萎变色的原因就是厂里排出来的化学气体所致。为了使自己的观察经得起实践的反复检验，淑婕和同学们又采来了凤仙花、月季花、柳叶等，滴入酸溶液观察，结果，酸度越浓，花朵变色越厉害。她们终于肯定，校园里的花草变色枯萎是酸雨所致。

问题终于有答案了，小淑婕和她的伙伴们喜形于色。事后，她在记录本上写道：通过对"酸雨"的研究，使我知道了它的危害，它能使大片森林死亡，植物枯萎。加强对"酸雨"的监测对我们人类生存太重要了。后来，小淑婕据此写成的《用花草对酸雨进行监测》的小论文获得了浙江省青少年科技论文一等奖。

次年，淑婕作为"浙江省青少年发明创造比赛和科学讨论会"获奖作者中最小的一位，参加了论文答辩赛。从来没有经历过这种场面的小淑婕，在老师的鼓励下从容地坐在了8名专家教授组成的考官面前。

"当时我以为提的问题会很难。"小淑婕回忆杭州答辩赛时笑着说，"可是，当'你是怎么想到用花草来观察酸雨'的问题一提出，我的心里就一点也不紧张了。"事实也证明，那天，庞淑婕的6个答辩问题仅用10分钟就顺利完成，现场的专家教授、新闻记者对她的临场表现评价颇高，她当之无愧地夺得了金牌。

留梦北大

2000年10月13日，中国少年科学院第二批百名小院士授证暨表彰大会在人民大会堂湖北厅举行。

这一天，淑婕起得特别早，她步履轻松地来到老师费根华的房间。费老师也已起床了。想到再过三个小时就要走进庄严的人民大会堂，

接受中央领导的接见和颁奖，师生两人别提有多开心了。作为小淑婕的数学兼科技辅导老师，费根华付出了很多很多。

上午9时半，全国人大常委会副委员长，团中央书记处第一书记及在京的部分老院士、专家、教授和小院士们欢聚一堂。当团中央书记处第一书记将一本中国少年科学院院士的证书授予淑婕时，小淑婕的眼里溢满了喜悦的泪花。

那是她13年来最幸福、最激动的时刻，她永远都无法忘怀。

更难忘的是参观北京大学留给她的震撼。站在北大这个著名学府门前，小淑婕思绪万千，她的心中涌动着一个强烈的愿望：北大，今天我把梦留给你，4年后，等我把梦境变成真时，再来与你相见！

43. 谜一样的弱智天才指挥家

2000年8月30日夜，北京人民大会堂。

国家主席江泽民在看完汇报演出后，亲切接见即将赴美访问演出的中国残疾人艺术团成员，还专门为武汉籍弱智青年演员舟舟签名……

在美国六城市巡回演出期间，中国残疾人艺术团所到之处，无一例外地受到当地人民热烈的欢迎。在卡内基音乐厅、在肯尼迪艺术中心，艺术团"旋风"席卷美国，每当舟舟登上指挥台挥舞他那神奇的指挥棒时，全场就会爆发出热烈而又带着无限惊喜和痴迷的掌声。

舟舟是人们对他的昵称，他的本名叫胡一舟。他虽然是一个现年22岁的大小伙子，可是，他的智商仅相当于3岁儿童，不识字，不认路，就连人们叫他胡一舟他也不知是在喊谁，其憨态的确可掬。但是，令人难以置信的是，他一旦登上指挥台，面对庞大交响乐团，他似乎立刻变成了另外一个人——中外乐章，得心应手，指挥棒舞动得如醉如痴。舟舟的指挥棒从中国一直舞到美国，使有幸得以观赏他表演的千万观众激动不已，赞叹不已。

乐团的"三朝元老"

1978 年 4 月 1 日愚人节，随着婴儿的一声啼哭，舟舟降临在江城武汉的一个工薪家庭。

舟舟的父亲是武汉市乐团的低音提琴手，母亲是个普通工人，舟舟是这对夫妇的第一个孩子，也是家里惟一的男孩。父母当然对他呵护有加。可是，令父母始料不及的是，在舟舟出生后约一个月，突然患肺炎住院时，父母被告知：你的孩子因患有第 21 对染色体综合症，是先天愚型儿。父母一听到这个消息，犹如晴天霹雳，他们不敢相信自己的耳朵……当时按照有关政策，他们完全可以生第二胎。所以，有人劝他们再生一个，有人甚至劝他们趁孩子还小，偷偷地把孩子扔掉算了，再去生一胎……可这对夫妇把牙一咬，毅然作出了一条让人们意想不到的决定："谢谢大家为我们考虑，但无论怎样，孩子总有活下去的权利。孩子既然选择了我们，我们就要给他以春天般的温暖，再也不生第二胎了……"

也许是父母的真情感化了孩子，也许是舟舟领悟了父母的一片爱心，他除了智力不如别的孩子外，从此再没有让父母多操心。他长得胖乎乎的，很少吵闹，十分乖顺。可是，由于天生弱智，尽管他一天天长大，但他生活不能自理，依然离不开父母的照顾。父亲担心他一个人在家发生意外，上班时常把他放在排练厅的一角，他似乎显得十分懂事，不哭也不闹，乖乖地坐在那里边听边看，时不时一个人在那里乐滋滋地憨笑。

随着天长日久，舟舟似乎觉得大人们都在那里吹拉弹唱，自己再也不能寂寞下去了，于是，他就暗暗地窥视着乐团"一把手"的位

置。有一次在演出的间隙，胖墩墩的舟舟一声不响地爬上指挥台，他对其他的东西不感兴趣，惟独对指挥棒情有独钟。当他第一次拿起指挥棒，笑得乐开了花，随后便在指挥台上如痴如醉地挥舞起来。刚开始，演奏员们只觉得好玩，并没有把他当一回事。可是，看着看着他们惊奇地发现舟舟把乐团指挥的动作几乎模仿得惟妙惟肖，甚至连扶眼镜的习惯动作也没落下……

但是，谁也没有对他寄予过多期望，当时，大家仅仅是从同情孩子的角度出发，认为胡家既没有人带孩子，孩子又不能上学，只有乐团才是他惟一能去的地方。所以，在接下来的演奏过程中，乐团特地在排练厅指挥席一侧给舟舟安排了一个位置，一个谱架，一只小棍。从此，舟舟就成为乐团的一位编外成员。只要音乐响起，舟舟就会站在那里，挥舞着小棍，直到曲终。而且乐团有一个不成文的规定，十几年过去了，尽管乐团的指挥换了一茬又一茬，但舟舟的位置始终给他留着，他的谱架一直静静地站在那里伴随着舟舟。每逢有人造访，乐团同仁们还常常引以为豪，他们半开玩笑地对人说："我们乐团不仅有一流的演奏水平，还造就了一个最受观众欢迎的三朝元老指挥舟舟。"

弱智与天才

《让世界充满爱》那首歌曲唱出了乐团同仁的心声，正是他们的爱拯救了舟舟，从而使他找到了自己的感觉，享受了音乐的欢乐。也许真像人们说的，音乐是上帝的语言。弱智的舟舟在心灵与音乐的沟通下，终于一步一步地跟着音乐感觉走。

感谢乐团的同仁们，特别是乐队首席大提琴手刁岩，是他三番五次游说，感动了一些有良知的人们，圆了舟舟的指挥梦。为了检验舟舟的音乐辨别能力，刁岩特地把舟舟带进了教学。刚开始，舟舟来到一个陌生的环境，觉得有些好奇，东瞧瞧西望望。可是，当音乐声响起，他立即半闭起眼睛，双手徐缓地挥动，迅速进入角色。

1999年1月22日，在中国残疾人联合会举办的隆重的新年音乐会上，舟舟首次登上了指挥的大雅之堂，他时而像奔腾的激流，时而如涓涓小溪，成功地指挥着交响乐团，一口气演奏了乐曲《瑶族舞曲》、《拉德茨基进行曲》等中外名曲。

当舟舟收棒后，听报幕员的介绍，人们才知道舟舟是一位弱智人，顿时，大家简直不敢相信自己的眼睛，在惊奇之余，只有长时间的鼓掌，有的甚至流出了激动的眼泪……

摄影师敏捷地抓拍了每一个激动人心的镜头，通过荧光屏迅速予以转播，在观众中产生了强烈的反响。在江城，当人们从电视上看到舟舟出色的表现，大家有一个共同的感觉：平时的舟舟，歪着脖子，眯着眼睛，憨厚可爱，一看就是个弱智人。而此时此刻的舟舟，指挥起交响乐曲来，又立刻变成了一个音乐天才：神采飞扬，自信而优雅，手臂挥舞之间整个人充满了灵气，充满了魅力。随着他的不断成熟，他的演艺深受专家们的首肯。中国残疾人艺术团访美，他一举成为首选人物。

绅士的追星族

舟舟不愧为绅士风度，他讲究文明礼貌，遵守社会公德，有很不错的人缘，若是在街上遇见熟人，他会大老远地就叫你的名字，随后三步并作两步地飞奔过来亲昵地搂住你的腰，再高高兴兴地跑开。即使是陌生人，他对你也很友善，只要你对他笑，他就会礼貌而大方地把他喜爱的东西送给你。然后，给你一个甜甜的笑。

舟舟与音乐特别有缘，且特爱展示一下自己的音乐才能，他特别崇拜歌星，不过，他只是闻歌起舞，对每个歌星的模样他有点分辨不清。为了更像个追星族，理发时，他会给理发师送上一份纪念品，请求为他理个"歌星头"。当然，理发师对这位"上帝"是有求必应，不是给他一个潘长江头型，就是给他一个齐秦模样。

舟舟之所以如此注意形象问题，就是想潇洒走一回，过一过明星瘾。尤其在人多的时候，当有人提议："舟舟，指挥一段《二泉映月》吧！"或"舟舟，能给我们表演一段模特的猫步吗?"他会把头一歪，给你一个 OK！随着掌声响起，他会以标准的明星动作给你鞠躬，表演，谢幕……

也许是舟舟总想过着天真无邪的日子，本来他已经年满 22 岁了，但你要是问他年龄，他总是羞答答地回答："3 岁！"

舟舟心里只有音乐和友情，他对金钱不感兴趣，以至于他永远不知道钞票的面额；他只求过程，不求结果，常常会走失，找不到回家的路。有时候他像个诗人，在空旷的夜晚街头大声地喃喃自语，有时像谦谦君子，给你一个甜甜的笑；有时是讲演家，表情严峻地边说边挥动手臂……

世上无难事，只怕有心人。舟舟一旦认准了的事，他总能心想事成。记得那是 6 年前的一天，舟舟的父亲去参加一个重要的演出前夕，告诉舟舟说，因为演出单位没有这项安排，不能带他去演出，原来乐团每次演出，舟舟总是不用通知的"特邀指挥"，会早早换好自备的"演出服"，随着乐队登车前往的。这次他见父亲说不带他去，他不禁有几分惆怅，但他并没有与父亲顶嘴，只是在那里一声不吭地发呆。父亲只好把他托付给团里不去参加演出的同事照管。可是，待演出即将开始，父亲却发现舟舟稳稳地坐在后台，耷拉着脑袋，给他一个憨憨的笑。

舟舟父亲说，舟舟的那次行动至今仍是个未解之谜。因为从乐团到演出地，有四五公里路途，连公交车都尚未开通。而且天黑得伸手不见五指又大雨滂沱，不识路的舟舟是怎么找来的呢？剧院里凭票入场，且票早已销售一空，没有票的舟舟又是怎么走进剧院的呢？

谜一样的弱智天才，舟舟……

44. 古怪的女孩

张爱玲从小就被人们称为天才。在她3岁的时候就能背诵很多唐诗。有一次，刚会走的张爱玲摇摇摆摆来到她邻居的跟前，邻居是个老人，原来在清朝做过大官，很有学问。他坐在藤椅上问小爱玲："你背首诗给爷爷听好吗？"

小爱玲就用她童稚的嗓音背诵：

商女不知亡国恨，隔江犹唱后庭花。

老人听了小爱玲的诗流下了眼泪。

小爱玲爱读书，读《西游记》、《红楼梦》，还有童话。她读书时总是提出一些自己的想法。如看《红楼梦》她就自己问自己，要是自己写，人物的关系该怎样处理？故事情节向哪个方向发展？

7岁时，张爱玲写了第一部小说，小说是一个家庭悲剧的故事。遇到不会写的字，就用拼音代替，或跑去问厨子怎么写。到她9岁的时候，已经写了三部小说了。

9岁时，她又喜欢起音乐和美术。看了一场描写穷困的画家的影片后，她大哭了一场，决定做一个钢琴家，在富丽堂皇的音乐厅里演奏。

不过，这个天才的女孩，最后成了一个大作家。

45．数学小明星

苏步青上小学时，第一次世界大战爆发，使中华民族的灾难日益深重。很多名人志士都发奋图强，用各种方法来拯救苦难的祖国。

苏步青的老师洪岷初是位爱国人士。他经常向学生讲述中华民族备受帝国主义欺凌的历史，鼓励学生努力学习，用科学来救国。

洪老师是教数学的，几堂课下来，他就发现班里有个叫苏步青的学生对数学特别感兴趣，听课极为认真。有一次，洪老师出了一道几何题，要求用多种方法来证明"三角形内角之和等于二直角"的定理。其他的同学正思考着，聪明敏捷的苏步青举一反三，旁征博引，竟用了20多种方法证明了这个定理。

洪老师看了，认为苏步青具有数学天才，他让苏步青把这些证明方法写成一篇数学论文，送到浙江省中学生作业展览会展出。

长大以后的苏步青把毕生的精力贡献给数学事业。他发表150多篇学术论文，撰写《射影曲线概论》、《微分几何五讲》等数学专著7本。苏步青被国际数学界称为"东方国度上升起的数学明星"。

46．粤海神童

萧铁珊是西南一带素享盛名的书法家。他有个女儿叫萧娴。父亲写字的时候，小萧娴常站在一旁帮父亲磨墨拂纸。一天，她见父亲的书桌上摆着一本颜真卿的字帖，就说："这是什么字呢？板板的，像晚娘的面孔，要是我，才不写这玩意儿呢！"

父亲听了，觉得女儿虽幼小可审美观点却独特。就指着桌面上的篆书、隶书说："你看这些字怎么样？"

小萧娴看了一会儿，说："爹，你看，这么紧，像大人穿小孩子的衣裳！"

父亲感到幼小的女儿见识不同寻常。

一天，萧铁珊写了一幅苍劲有力的魏碑，放在桌子上走开了，小萧娴过来看后，忽然觉得自己非常想写字，她就从父亲的案几上抽出一张宣纸，用父亲刚用完的笔，照着父亲刚才写下的字一笔一划地写起来，一会儿就写完了。

父亲回来了，见桌上的字，惊问道："这幅字是谁写的？"

"我写的！"小萧娴勇敢地承认。

"那你再写幅我看看！"

小萧娴不慌不忙地又写了第二幅字，比第一幅更稳健、有力。父亲看后，激动得流下了眼泪。

人们见过萧娴的字后，都大为钦佩，称她为"粤海神童"。萧娴在父亲的指导下，畅游于书海，又拜康有为为师，并与画坛巨匠刘海粟结为师兄妹，后来成为中国著名的书法大师。

47. 神童作家

1946 年，10 岁的刘绍棠读高小。有一次作文课，别的学生都动手写了，可刘绍棠还没有打开墨盒。老师走到他的身边，生气地问："刘绍棠，你怎么不写呀？"

刘绍棠说："老师，我不会写。"

"别人会写，你怎么不会写？"

"我觉得这个题目没有意思。"刘绍棠回答说。

老师火了，大声地问："什么样的题目才有意思？"

刘绍棠直愣愣地回答："我自己出的题目。"

"那你出个题目，写篇给我看看。"

没想到第二天，刘绍棠真交来一篇作文，作文的题目叫《西海子游记》，整整写了五册作文本。老师翻开一看，原来是写同学们到学校附近一个小湖边的柳荫翠堤上玩耍，到湖里戏水。写得情文并茂，老师越读越高兴，读着读着都读出了声。

第二天，老师把刘绍棠的作文送到学校的佳作栏。全校的师生看了，都为刘绍棠的文采所折服。

刘绍棠13岁那年，也就是1949年，北京解放了。刘绍棠写出了一部十几万字的长篇小说《大运河的儿女》。接着，他的处女作《邰宝林》发表在《中国青年报》上。从此，少年刘绍棠的创作一发而不可收。陆续发表了《一顶轿子》、《林歌》、《红花》、《修水库》、《青枝绿叶》、《摆渡口》、《大青骡子》、《布谷鸟歌唱的季节》等短篇小说，蜚声文坛，被人们称为"神童作家"。

48. 灰姑娘

小琼瑶上小学时，聪明好学，成绩很好，老师和同学们都非常喜欢她。

可到了家里，她就成了一位"灰姑娘"。原来她的父亲封建意识严重，重男轻女，不喜欢她。这样，小琼瑶在家里，要打扫卫生，烧火做饭，还要照顾弟弟，天天忙得不可开交。

聪明的小琼瑶多么希望自己变成一只快乐的小鸟，在广阔的空中自由飞翔……

想象是美好的，现实往往是残酷的。她想起6岁那年，全家逃难，弟弟丢失。她正细声细气地安慰伤心痛哭的母亲，父亲却在一边对她破口大骂："苍天无眼，为什么不让我丢掉你！"

小琼瑶实在想不出父亲为什么如此地讨厌她，她只感到自己是多么不幸，多么孤独。有一天，9岁的小琼瑶突发奇想，想写一篇小说，于是，她就根据自己的生活经历，写了一篇短篇小说《可怜的小青》，她鼓足勇气投给《大公报》。

编辑读完《可怜的小青》，情不自禁地为可怜的主人公流下了同情的眼泪。同时，他感到作者具有非凡的文学天才。当编辑知道作者是个年仅9岁的小女孩时，他简直不敢相信这一切是真的，但他感到文坛上将升起一颗新星。

事实真是如此，"灰姑娘"小琼瑶，以后成了当代中国台湾大众文学宗师，成了家喻户晓的小说家。

49. 五岁登台

1952年，裴艳玲父母所在的剧团要到乡下演出。5岁的小艳玲嚷着要跟着去玩耍，父母没有办法，只好带着她。

这天，剧团到一个村庄演出。演员们还没有化完妆，台下已坐满了黑压压的观众。戏就要开场了，忽然，扮演秦英的主角演员发病，肚子痛得满地打滚。这可怎么办呢？台下的观众都眼巴巴地等着，可台上少了主角演员，戏就没法子演，大家急得汗都流了下来。

正在这时，人群中传来一声稚嫩的喊声："我来演秦英。"

大家顺着声音去寻找，原来是5岁的小艳玲。"你能行吗？"大家不放心地问。

"我早就会了，不信你们看看。"说着小艳玲双手抱拳，摆出秦英的架势唱起来："母亲不要哭嚎啕，听孩子把话对娘讲……"

一招一式还真像样，大家高兴极了，忙把戏装连折带缝，凑合着给小艳玲穿上，又给她勾了花脸，几分钟后，小艳玲在锣鼓声中登上戏台。

台下一片叫好声，小艳玲演得太成功了。演出结束后，剧团的演员们都夸小艳玲，说："小艳玲是个演戏的天才，还是学戏吧！"小艳玲从此走上了戏剧舞台。

15岁时，毛主席看完她演的《宝莲灯》后，还表扬了她。裴艳玲成为河北梆子著名表演艺术家。

50．垃圾堆里的二胡

1954年，在一次新年联欢会上，一个年仅8岁，扎着羊角辫的小姑娘，爬上椅子，架起二郎腿，拉起二胡，欢快的二胡声立即充满大厅，小姑娘高超的演奏技艺，赢得了一片掌声。这位小姑娘就是后来成为全国著名二胡演奏家的闵惠芬。

闵惠芬1946年生于江西宜兴。小时候随母亲在乡下，8岁上学才到父亲身边。父亲在丹阳师范学院任教。

有一天，小惠芬在垃圾堆里捡到一把破旧的胡琴拿回家去。父亲没有责怪她，为她擦拭干净，鼓励她好好学习。

从此，小惠芬迷上了二胡。炎热的夏天，别人乘凉、游泳，她却把自己关在房里练琴，板凳坐湿了，换条板凳，仍然练琴不止，她完全忘记了炎热。

11 岁那年，她到南京读书，担任鼓楼区"少年之家"乐团的指挥，充分地显示出她出色的艺术才华。17 岁，还是一个中学生时，就获得全国二胡比赛一等奖。后来又考进上海音乐学院，终于成为演技超人的杰出的二胡演奏家。

要知道，她的练琴，竟是从垃圾堆里拾到一把破二胡开始的。

51．文学新苗

1980 年秋天，《芒种》杂志发表了一篇小说《我与小黑》，引起人们的注意，受到行家的称赞，而这篇小说的作者庞天舒，是个年仅15 岁的初中生。

庞天舒出生在一个文艺工作者家庭。父母在她幼年时就给她讲故事。许多童话、寓言在她脑子里形成一个五彩缤纷的世界。庞天舒7岁上了小学，自己识字，能读书了，她就成了一个小小的"啃书虫儿"，许多动人的故事被她记忆在大脑的深处，多彩优美的词句溶进她的血液。14 岁时，她已读完200 多部文学名著。

庞天舒书读得多了，再加上她生来具有的文学天赋，使她写的作文深刻而生动。有一天，老师出了一个题目，让同学们描写一个老师的形象，让大家一读就知道写的是谁。

许多同学都被难住了，也有的同学虽然写出来了，但都是"浓眉毛，大眼睛"之类的描写，让人分不出写的是张老师还是刘老师。

庞天舒转动着灵活的眼睛，选择着要给哪个老师画像，作文写完了，庞天舒站起来朗诵："上课了，一位神态端庄的女老师，夹着课本，捧着作业缓步走来。她那齐耳的短发，修长的身材，显示出淳朴、大方的风度；薄而红润的嘴唇和从琇琅架眼镜里透出的聪慧目光，表

露出她的口才非凡和才华出众。这时，她正环视着起立的学生……"

文章还没有读完，同学们异口同声地说："赵老师!"

庞天舒的聪明在于她能用心观察，也能用心使用学到的词汇，而不去套用现成的词语。庞天舒就这样走上了文学之路。年仅 15 岁，就发表了处女作，紧接着她又在《芒种》、《鸭绿江》、《解放军文艺》、《妇女》、《文学报》、《青年文学》等报刊上，发表小说，散文 10 多篇。她成为文坛上的一颗新星。

52．十一岁的大学生

1966 年 5 月 2 日，谢彦波出生在湖南省长沙市。他的幼年是在益阳县的奶奶家度过的，那是一个稻花飘香的小村镇。

6 岁半时，谢彦波回到父母的身边。父亲谢加平是湖南医学院的物理教师，他对孩子的教育有一套科学可行的方法。一次，谢加平领着小彦波去看电影，当银幕上出现毛主席在书房里接见外宾的镜头时，他问彦波："毛主席的书房里有什么特点?"小彦波回答："到处堆满书。"他又因势利导地说："毛主席已 80 高龄了，还天天坚持读书。他教导我们要认真看书学习，你可要记住啊!"

从此，小彦波给自己订了计划：早上 6 点 15 分起床，进行十几分钟的体育锻炼后开始学习。上午上学，下午放学回家后，先完成老师布置的作业，还有时间就出去玩一会儿。晚上自学 2 个小时，8 点半睡觉。如果是星期天或节假日，每天的自学时间不少于 5 个小时。

小彦波天资聪明，自学能力极强。上小学三年级时他就把初中的数学攻了下来。四年级时，他又开始向高中的数理化进军。

小彦波喜欢动手做实验，把书本的知识和实践结合起来。有一次，他见物理课本上的一道习题：两根钢条其中一根有磁性，在没有任何仪器的情况下，怎样测出带磁性的钢条？小彦波根据掌握的知识马上找出答案：钢条的两端磁性强，中间弱，几乎没有磁性。用手拿一根钢条的一端接触另一条钢条的中间，如果吸引说明手里的钢条有磁性，不吸引则没有磁性。这个答案正确还是不正确？为了验证，他向父亲要了一分钱，买了两根针，把其中的一根磁化后，做这个实验，结果证明了答案的正确性。

他还用家里简易的设备，做光的折射，水面张力实验，还做蜡烛倒影和平行导线通过电流时的作用力的物理实验。

小学五年级时，他又攻读大学的解析几何、微积分。

小学毕业时，中国科技大学派专人对他进行面试，结果表明：谢彦波的数学水平相当于大学一年级水平，其它功课达到高中毕业水平。于是，科技大学少年班录取了他。那一年，他 11 岁，成了中国年龄最小的大学生。

53. 喜欢拆玩具

1968 年在天津出生的张明，从小就很淘气，到了上幼儿园的年龄也不去上。父母每天要上班，没有办法，只好把他一个人锁在家里，给他买来一些玩具，像手枪、汽车、蹦蹦虫、小轮船等。这些玩具小张明玩不了两天，就把它们拆开。有的拆开了他能装上，有的他就装不上了，父母真拿他没有办法。

小张明虽然顽皮，但他很聪明。遇见问题肯动脑筋，肯钻研。妈妈做衣服时，小张明就蹲在旁边观察，看为什么蹬动踏板轮子就会转动。爸爸妈妈领他去公园，他不去看动物，而是对停在草坪上的进口大吊车发生了兴趣。

后来，小张明对电产生了兴趣。父母为他买来有关电器知识的书籍，还为他买来各种无线电元件及工具。小张明就利用课余的时间，按书上的介绍，制作一些小电器。他制作的电动机，通上电就"嗡嗡"地转起来，他制作的镇流器，接在日光灯上，日光灯就发出白光。

小张明不满足于这些，他决定自己搞发明制作。1979 年 5 月，天津市开展了青少年"爱科学月"活动，11 岁的小张明一下子报了三项科技产品：七管低压台式收音机、半导体对讲机、液位自动控制仪。在全国青少年科技作品展览会上，他的七管低压台式收音机和答辩小论文都荣获三等奖。他是参展青少年中年龄最小的一个。

54. 英语小神童

常青的爸爸妈妈，虽说是高校的教师，可以前没有学习过英语，现在年龄大了，还要补学英语。夫妻二人天天对着电视学英语，女儿常青在学校里刚学 ABCD，有时也跟着父母看电视英语讲座。

一天，电视里教《公鸡和狐狸》，全文约 300 字，课教完了。爸爸和妈妈怕刚学的英语忘掉，就关上电视，两人背起来，背了不到一半，再也背不下去。爸爸急得抓头皮，妈妈懊丧地说："年龄一大，脑子不好用了。"

小常青在旁边说："我背给他们听。"

爸妈不相信地摇摇头。

常青不管爸妈摇头不摇头，她自顾自地背起来，背得虽然不甚流畅，可毕竟全背出来了。

爸爸、妈妈大吃一惊，问："有人教过你吗?"

"没有呀!"

"那你怎么能背下来?"

"跟电视学的呗!"女儿调皮地回答。

爸妈这才知道女儿对英语的接受能力是这样强。于是，他们决定送女儿去学英语。他们选择了杜经武老先生，杜老师可了不起，说一口标准的英语，不带半点的中国语音。只是他择徒很严，一般人难投到他的门下。

杜老师见到小常青后，拿出一本《英语900句》，1至4课，共60句，老人以一分钟一句的速度教，让小常青复习半小时后，把所学的内容重复一遍，没想到常青对答如流，无一差错。杜老师高兴地收下这位学生。

在杜老师的严格要求下，常青充分显示出她的英语天赋，她的英语水平迅速地提高。于是她就试着翻译。几年下来，常青在课余竟翻译了6万多字的文章，先后在省内和中央报刊上发表，引起了教育界、翻译界的关注。老翻译家叶君健看到她的两篇译文，十分兴奋，写了一篇《浇灌篇》，文中说："当我知道译者只是个14岁的孩子时，我却惊奇了。我不太相信'神童'——因为这类孩子，如果有的话，也是很少，很少。小译者能取得现在的成绩……勤于学习恐怕起了决定性作用。"

南京大学外语系破格录取了这位14岁的英语小神童，为本校少年班的学员。

55. 连跳三级上科大

1984 年 12 月 10 日，首届中国少年科学奖授奖大会在湖北武汉隆重举行。15 岁的王铁军荣获一等奖。

王铁军，1969 年 5 月 9 日出生于湖北省竹山县。从懂事起，父母就讲故事给他听，他也喜欢听故事，天天缠着父母讲这讲那。7 岁时，王铁军上了小学，从此他又迷上了书。天天利用课外时间，阅读《十万个为什么》、《小灵通漫游未来》、《神笔马良》、《科学家的故事》等书籍。

上小学三年级时，有一天，他读完了关于少年大学生宁铂、谢彦波的报道后，对他影响很大，他下决心通过自学，也上科大少年班。于是，王铁军开始自学了：每天晚上自学一个小时。聪明的王铁军，自学时精力集中，天天坚持、从不间断。天气热了，蚊子多，他就躲在蚊帐里。

三年级结束时，他参加了初中考试，以四门考试科目总分 365 分的成绩，得了全县考生的第一名。

从此，王铁军更重视自学。1981 年，他在湖北省各地区初三数学联赛中夺得了地区第一名。1982 年他又考了总分 560 分（满分 580 分），以第一名的成绩进了县高中。

1984 年，在父母及老师的鼓励下，王铁军报考了中国科学技术大学少年班。他以 593.5 分居全国少年班考生之首，提前一年进入大学深造。同年，他又荣获首届中国少年科学奖一等奖。王铁军连跳三级上科大，只用了 6 年的时间。

56. 震动了世界乐坛的男孩

王晓东从小对音乐有天赋，这可能与家庭的熏陶有关。父亲王希立是上海芭蕾舞团乐队首席小提琴手，母亲史蒂华是上影乐团的小提琴手。父母常常在家拉小提琴，研究小提琴的指法、技巧。王晓东听到优美的旋律从父母的指缝里流出，感到无比的奇妙。

他也试着举起小提琴，轻轻地拉动弓子。没想到他竟然拉出简单的曲子，父母高兴极了，就赠送他一把小提琴，教他拉小提琴。王晓东很快就入了门。他对乐曲好像有一种特殊的感受能力，对小提琴的领悟非常快。

看到王晓东长进这么快，父母既高兴又犯愁了。高兴的是王晓东进步得快，愁的是由自己教琴，孩子难免会撒娇，可能会误了孩子的前途。父母商量后，决定送王晓东到他们的老师张教授的门下，由张教授教晓东练琴。

王晓东在张教授的指导下，拉完《开塞》、又拉《马扎斯》、《小顿特》……琴艺日有长进。

1980 年，王晓东以高分被上海音乐学院附小录取。从师赵基阳老师，在赵老师的悉心指导下，他的琴艺更是突飞猛进，不久，他成为全国小提琴手的佼佼者。

1983 年 4 月，在英吉利海峡岸边的富克斯顿城举行第一届梅纽因国际小提琴比赛。有 19 个国家和地区的 50 名小提琴选手参加。参赛中，王晓东拉的是《G 小调协奏曲》和《诙谐曲与塔兰泰拉舞曲》，优美的乐曲让评委们惊叹。王晓东似乎忘记了自己的存在，拉动的弓子如流星疾驰，手指在琴弦上似小鹿般敏捷而有节奏地跳跃，王晓东

的神思随着乐典的旋律在大厅里飘呀飘……

比赛结束了，王晓东凭着高超的技巧，成熟的艺术修养及对乐曲天才的理解，荣膺少年组第一名。

两年后，王晓东再接再厉，在第二届梅纽因国际小提琴比赛上，又以少年组的年龄荣获青年组第一名。

王晓东成功了，那一年他只有 16 岁，他成功的演奏震动了世界乐坛。

57. 九岁的小诗人

刘倩倩，1971 年出生于湖北省鄂城县。父亲酷爱文学，也许是受父亲的影响，刘倩倩从小就喜欢读书。爸爸书架上的藏书有限，刘倩倩翻来覆去地读，有些书都被他翻卷了角。

刘倩倩富有幻想，见到身边的树木、花草，甚至石块，他都试着写首小诗。有些诗还写得特别好。

1980 年 3 月，刘倩倩才 9 岁。有一天，他偶然在《中国少年报》上看到一则征稿启事，大意是：联合国教科文组织举办世界儿童诗歌比赛，写作的主题是儿童帮助儿童，建立一个新世界。欢迎全国的小朋友踊跃参赛。

看了征稿启事，刘倩倩激动了很久，他决定参加比赛。可写什么去参赛呢？他试着写了几篇诗，都不太满意。儿童帮助儿童，哪些儿童最需要帮助呢？这天，他想起最爱读的《安徒生童话选》，其中有一篇《卖火柴的小女孩》。这位卖火柴的小姑娘多么需要人帮助啊！想到这里，刘倩倩忽然来了"灵感"，文思如泉涌，他赶忙回到自己的房间，写出《你别问，这是为什么？》：

166

妈妈给我两块蛋糕，

我悄悄地留下一个。

你别问，这是为什么！

爸爸给我穿上棉衣，

我一定不把它弄破。

你别问，这是为什么！

哥哥给我一盒歌片，

我选出最美丽的一页。

你别问，这是为什么！

……

我要把蛋糕送给她吃，

把棉衣给她去挡风雪，

在一块儿唱那最美丽的歌。

你知道她是谁吗？

请去问问安徒生爷爷——

她就是卖火柴的那位小姐姐。

　　小诗人刘倩倩把写的诗寄去了，寄去的是个希望。1980 年 10 月，联合国教科文组织公布了世界儿童诗歌比赛评选结果：湖北省鄂城县（现为鄂州市）东方红小学三年级学生刘倩倩写的《你别问，这是为什么？》一诗，被国际评审委员会评为 20 首最佳作品之一，荣获联合国颁发的菲利亚奖章。

58. 电脑娃娃

李劲的童年是在上海天平路幼儿园度过的。幼儿园的老师们都觉得小李劲的智慧超常。有一次，老师故意给小朋友出了一道难题：25乘以24等于多少？班上的小朋友还没有反应过来，李劲就举手站起来回答："等于600。"

老师大吃一惊，问："你是怎么算出来的？"

"25乘以4等于100，24中有6个4，所以25乘以24等于600。"

老师听了，觉得小李劲的算法非常有道理。就又出了一些题目，李劲更是花样百出，算得又快又准。

上小学时，李劲在班里一直是尖子生。他的思维往往和别的同学不一样。有次班里搞"小博士竞赛"，有个问题问得挺绝，其他的同学都回答得不好。问题是这样的："地球停在半空中，为什么不掉下来？"最后，只有李劲回答得好："宇宙是无边无垠的，没有上下之分。"他的积分最高，摘取了"小博士"桂冠。

四年级时，老师推荐他去学计算机。市里要举行少年计算机程序设计竞赛，区少年宫也迅即成立了一个计算机小组。从此，小李劲迷上了计算机。在少年宫里，李劲充分显露出他的计算机天赋，为了培养他，专门抽了一个指导老师陪着他练习，他成了少年宫的"电脑娃娃"、"宝贝疙瘩"。

市里的少年计算机程序设计竞赛如期举行了。预定的参赛时间是1小时，可李劲只用了3分45秒，他以绝对优势，压倒了参加上海市少年计算机比赛的所有对手，夺得了冠军。

1984年2月16日。党和国家的领导人邓小平来到上海展览馆，参

观了李劲小朋友为邓爷爷作程序设计的表演。邓爷爷非常高兴，还当场表扬了李劲。

59. 天上的星星

"夜晚是美丽的，深邃的夜空，群星眨着眼睛……"

许多儿童文学作品中都有这样精彩的描写。可你认真观察过天上的星星吗？

在灿烂的星空下，却有一个孩子在认真地看天上的星星，这个孩子就是小天文迷樊晓晖。

樊晓晖的爸爸是个工程师，他十分重视对晓晖热爱科学的教育。有一天，他带晓晖去天文馆参观，夜空像平静的湖面，星星如一粒一粒的珍珠，太美丽了，让人不由得不向往。从此，晓晖对天文着了迷。二三年级时，他已能凭着星图指示的位置，在浩繁的星海中准确辨认出行星、恒星，说出北极、大熊、天鹅等100多星座的方位、名称和活动规律。

10岁那年，他从报上得知1月10日夜晚将发生月全食的消息后兴奋极了，一夜没有睡觉。凌晨3点17分，白白的圆圆的月亮被"天狗"整个吃掉了，月亮的形状、光亮在变化，多么奇妙呀！他把自己的观察写成报告《第一次观测月全食》，参加了《中国少年报》"科学小园地"征文，还获了奖。

以后，他参加了北京西城区少年宫天文班，在何成俊老师的辛勤浇灌下，这个"神奇"的小苗苗壮成长了。10岁的樊晓晖和王旻共同设计并制作的"袖珍赤经仪和赤纬仪"获"第一届全国青少年科学创造发明比赛"少年组发明一等奖。12岁那年，他俩又设计制作"天体

坐标变换器设计方案"获"第二届全国青少年科学创造发明比赛"少年组发明二等奖。同时获得"首届中国少年科学奖"二等奖。1988年，16岁的樊晓晖带着他的论文《试论新星与再发新星的关系》，应美国西屋公司邀请到美国参加第三十九届国际学和工程博览会。

飞机飞上蓝天，樊晓晖离天上的星星更近了，他看得更真了，数得更清了。说不定，他还能摘几颗星星回来，献给他的亲人。

60. 喜爱梦的女孩

在一条崎岖蜿蜒的小路上，

行人稀少，

只有那厚厚的雪，

还在做梦——

……

这时雪醒来，

自己已变成一条小溪，

流向远方……

这首《雪之梦》多么浪漫、美丽而富有诗意！1981年5月的《星星》诗刊，登出了这首诗。而它的作者是一位年仅9岁的喜爱梦的女孩——刘梦琳。

小梦琳上学之前，就已经会背诵许多首诗，会讲很多的故事。6岁那年，她要上学，爸爸带她去报名，因为年龄小，学校不肯收她，非要考试，小梦琳一口气写下100多个汉字，算了几道算术题，老师才高兴地破格收下她。

上学以后，小梦琳认的字多了，她就看连环画。二、三年级后，

开始读童话、寓言、故事小说。大量的课外读物丰富了她的知识，同时也让她掌握了很多的词汇，作业上有造句或填空时，小梦琳从不抄书，而是自己思考出新颖的词语或句子。

她试着开始写诗。自从《雪的梦》发表以后，她的诗情被激发了。蓝天、白云、高山、流水。白天的花开花落，夜里的星星月亮，都变成为梦幻般的美丽而神奇的世界，她观察、想象，把这一切都融汇在她的诗句中。

月亮好像问我们，

你们看我像啥？

……

我说，

你像只大月饼。

月亮听了我的话，

怕把自己吃了，

急忙钻进了云层……

她不断做着诗的梦，不断写下梦幻般的诗，她出版了《我是一滴雨点》、《诗葫芦》、《闪烁的小星星》等诗集。1984 年 12 月，12 岁的刘梦琳荣获了首届"中国少年科学奖"一等奖。

61．小数学迷

1986 年 11 月，在我国首届"华罗庚金杯"少年数学邀请赛上，北京 13 岁的陆昱荣获第一名。他的名字第一个刻在了"华罗庚金杯"上。

陆昱从小就是个数学迷，经常缠着大人给他出数学题。有一次，他又让妈妈出题给他做。妈妈就出了这样的一道题:"饲养场里一共有 40 只小鸡和小兔,它们共有 133 条腿。问小鸡和小兔各有几只?"

陆昱听了,马上用心算起来,可是一想:不对呀!他就拉住妈妈喊起来:"妈妈,你出的题错了!小鸡是 2 条腿,小兔是 4 条腿。'双数'加'双数'应该还是'双数',不管有多少只小鸡和小兔,腿也不会是'单数'!"

妈妈听了,从心里感到高兴,她故意出了这么一道错题,来试试陆昱的分析能力。

陆昱上学后,他分析解决数学的能力表现得越来越强。在一次智力竞赛课上,老师出了这样的一道难题:

"有 27 枚硬币,外形完全相同。其中有一枚中间有一小孔的假币,用天平至少称几次才能找出这枚假币?"

同学们纷纷议论,有的同学说用 26 次,有的同学说用 12 次,有的同学说用 7 次。而陆昱站起来说:"用 3 次就够了!"同学们都感到非常吃惊,不解地望着陆昱。他接着说:"先把硬币平均分成 3 堆,第一次在天平的两边各放 1 堆,可知道假币在哪 9 个中;第二次在天平的两边各放 3 个,又可得出假币在哪 3 个中;最后天平两边各放 1 个,就能找出哪个是假币了。"

陆昱清晰的思路,巧妙的方法,让同学们从心底佩服,老师也感到非常满意。

62. 放羊歌女

彝族小歌手兰尼细芝出生于云南省宾川县,那是个山明水秀、鸟语花香的地方,也是一个山歌缭绕的地方。

兰尼细芝 5 岁时去看电影，听到电影上的歌比妈妈唱得好，很不服气，她决心超过那个人，为妈妈争口气。

从此，小兰尼细芝每天都唱几首歌。6 岁去上学，她更加高兴了，上学路上、放学路上，都充满了她的歌声。

聪明可爱的兰尼细芝却不能上学了。9 岁那年，因家中缺少劳力，她只得回家放牛放羊了。书不能读，歌还要唱。山坡上，小小的兰尼细芝对着山川，对着白云，对着小鸟，对着牛羊，在唱歌。这歌声在辽阔的空中飞呀！飘呀！一直飞到遥远的天际……别的牧羊人用口令招集牛羊，用棍棒驱赶牛羊；兰尼细芝用歌声，只要她放开歌喉，牛羊就从四下聚拢起来。

她的歌声得到了自然的神韵，山川的灵秀。1984 年 12 月，上海举行首届"民族杯"小歌手邀请赛。兰尼细芝凭着她"天然去雕饰"的清亮嗓音，过关斩将，获得"特别奖"桂冠。第二年，她又参加了全国"小百灵"赛歌录像节目演出，获 11 名一等奖中的第一名。她参赛演唱的歌曲，就是她每天牧羊时唱的《放羊山歌》。

63. 画猴的小画家

王亚妮是一位擅长画猴的小画家，1975 年她出生在广西壮族自治区的恭城县。从小王亚妮就爱幻想，有一天，她对在县文化馆做美术工作的爸爸说："爸爸，你帮我寄封信给太阳。"

"寄信给太阳？"爸爸不解地问。

"是呀！我要告诉太阳，不要一阴天就躲起来，我们小朋友需要阳光啊！"小亚妮这天真、古怪、丰富的想象把爸爸都逗笑了。

两岁那年，王亚妮随爸爸去南宁。爸爸作画，她也学着在纸上乱涂。不过，从此以后，她喜欢上了花花绿绿的色彩。

孩子喜欢世界上的一切，花草树木，鸡鸭狗猫。可小亚妮最喜欢的是猴子，去动物园，她会赖在猴山前不愿离去，猴子向她眨眼睛、做鬼脸，猴妈妈抱着小猴子窜上跳下、爬山、登索，好像杂技演出。在小亚妮的眼里，猴子的世界是丰富、美丽动人的。每次爸爸带她去公园，猴山是她必去的地方。

小亚妮开始画猴子，她铺开白纸，拿起画笔，哇！笔下出现了一个精彩的猴子世界：躺着的老猴、爬树的青年猴、调皮捣蛋争吃果子的小猴，真是千姿百态。

她的一幅画叫《说悄悄话》，画的是石山下开放着美丽的花，山上有只小猴在大猴子的耳边说悄悄话。亚妮说："那是叫大猴子悄悄地去摘朵花来。"

《叶子怎么还不长大》：荷塘里几张高高的大荷叶，下面飘着一小片浮萍，一只顽皮的小猴子从岸边的树上吊下来，贴在水面仔细观察那片小小的浮萍。不用说这幅画的意思是小猴子把浮萍误以为是荷叶了，怎么老是不长大呢？

奇妙的构思，奇妙的想象，使小亚妮画出了各种神态的猴，她终于成功了。

5岁那年，她以《喝醉了》这幅中国画获得亚洲儿童绘画比赛铜牌奖；6岁在北京举办个人画展；7岁时，北京外文出版社用5种文字出版了她的画集《孩子的世界——王亚妮的画》，8岁，邮电部将她4岁时的作品《给妈妈抓痒》制成邮票发行。

理解猴子的小画家，也被大人理解了。

64. 少年大学生

1989年，西安交通大学录取了一名14岁的学生。这个学生叫金钟，他仅用7年的时间就学完了从小学到高中12年的课程，成了一名少年大学生。

金钟1975年8月出生在西安。从小父母就读唐诗给他听，他也特别喜欢背诗词，就连上幼儿园的路上，他也要求爸爸教他背诗。到上小学时，他已经能背诵200多首古诗词。

小金钟诗词背得多了，平时说话不知不觉就从口中漏出一两句诗词来，使他的谈话变得特别有趣。例如：妈妈引火做饭，他说："烽火扬州路。"奶奶来了，晚上他们横睡在一张大床上，他又吟道："横看成岭侧成峰。"妈妈给他洗澡，他说："温泉水滑洗凝脂。"在家里，常常是妈妈给爸爸下令，爸爸又下令给他，他就说："官大一级压死人。"

有一年春节写春联，小金钟觉得挺有意思，也要写对联。爸爸说："咱们全家3人，一人一句自编个春联，不过要用上自己的属相。"小金钟才思敏捷，抢先说："今年是兔年，是我本命年，我说横联：'玉兔生辉'。"父亲是属鸡的，他吟道："金鸡长鸣引出太平盛世。"妈妈是属猪的，她思考了一会儿对出："六畜之首迎来五谷丰登。"春联贴在门上，小金钟可得意了。

金钟6岁上学，他不满足只学课堂的知识，父母就给他找来大年级的教材，回到家里他就自学这些教材。同街巷的孩子们放学后都在巷子里玩耍，有时还到家里约小金钟。小金钟就对爸爸说："你将我反锁在屋里，省得别的同学来干扰我。"

就这样，小金钟自我严格要求自己，到 14 岁时就学完了从小学到高中 12 年的课程，以优秀的成绩上了西安交通大学。

65. 博学的张真

张真，1976 年出生于陕西省宝鸡县。从小她就是个爱学习的孩子，喜欢读课外书籍，喜欢看各种各样的书刊报纸。由于博学强记，使她小小年纪就掌握了丰富的知识。

有一次，张真看到路边一位老爷爷在教训一位小男孩。原来小男孩把牛拴在柿树上，老爷爷说："牛啃了树皮，柿树就会死，树皮太硬把牛的大门牙硌碎，牛就不能吃东西，就会饿死。"小男孩听了，吓得哭了起来。张真走到跟前说："柿树去了皮，只会增产增收；牛根本不长大门牙，它怎么会死呢？"老爷爷笑呵呵地说："你这孩子，可真聪明。"

张真不但学习认真，而且特别爱动脑筋，还动手做实验。1985 年，北京的几家报刊联办"从小爱科学知识竞赛"。竞赛中有这样的一道题："三包质量相等的盐，同时放入水中不同深度的地方，哪一包溶解得最快？"10 岁的小张真亲自动手做这个小实验。她用筷子吊着三包盐，分别以不同深度放进三个水杯里，过一会儿，她用嘴去尝咸味，发现盐包放在上面的最咸，放在水中间的次之，放在水底的最不咸。因此，她得出结论：放在水面上的溶解得最快。

张真对问题还有自己独特的看法。一次老师教李白的名诗《赠汪伦》："李白乘舟将欲行，忽闻岸上踏歌声。桃花潭水深千尺，不及汪伦送我情。"在引导学生思考时，老师问道："诗中的'踏歌声'的'踏'字应该怎么解释？"同学们都说是"踏步"走路的意思。可张真

却说诗中的"踏"字，是"踏着节拍"的意思。汪伦和李白是好朋友，李白离别，汪伦依依难舍，他唱着淳朴的山歌为李白送行，心情激动，连脚步也随着山歌节拍而迈动。张真的解释，让老师和同学们大为惊奇，他们都纷纷称赞小张真独特而又合理的解释。

66. 发明"迷踪棋"

清朝末年，武学大师霍元甲曾创了一套拳法，叫"迷踪拳"。现在，上海的一位小朋友发明了一种棋，叫"迷踪棋"。

这种棋看名字就很怪。象棋、军棋、围棋、跳棋都是用很规则的几何图形作棋盘；而"迷踪棋"的棋盘形状似迷宫，弯弯曲曲，像是迷宫中的道路。

更妙的是这种棋的棋子不是军长、师长或营长；也不是车、马、炮、相、士、将；更不是动物或英文字母。而是用两种颜色的十进制和二进制的8组数字：0、1、2、3、4、5、6、7、和000、001、010、011、100、101、110、111。这种棋可以两个人一起玩，也可四人对弈。开局时，各人轮流走，目标是想办法使自己的"0"（或"000"）到达对方的阵门内，中途被吃掉就得认输。这是一种非常有趣的新型智力棋，即可用十进制下，也可用二进制下。这些棋子走在"迷宫"的道路中，时刻都有被对方吃掉的危险。所以，每走一步都得格外小心，每一步都需要复杂而周密的计算。下棋时，既增加了数学知识，又锻炼了心算能力，还能熟悉二进制。

这种棋的发明人叫裘苑。她1974年出生于上海，父亲是上海焦化厂的一位工程师。平时喜欢剪报和收集科技信息。小裘苑受爸爸的影响，也养成了收集信息的良好习惯。天长日久，她的信息越来越多。

此外，她还把自己的发明灵感记载下来，取名叫"火花本"。可见，小裘苑是个有心人。

由于裘苑的刻苦努力，方法科学，她在 1986 年、1987 年、1988 年连续三年获得全国青少年创造发明奖和亿利达青少年发明奖。她发明的"迷踪棋"、"医用输液报警器"和"无空耗微动传感报警器"已获得国家专利，并投入生产，共青团上海市委先后授予她"少年爱迪生"和"未来建设者"荣誉称号。

67. 神童李刚

1979 年，日本的《珠算伊势》杂志第 26 期上，登了一篇《神童李君介绍》。介绍中国有个叫李刚的孩子，具有超人的心算能力。

李刚是广西桂林人，1974 年 7 月出生。小的时候，父亲有病不能工作，便在家教小李刚认字、绘画、做算术题。小李刚 3 岁上幼儿园时就认不少字，会做不少题了。4 岁时，李刚想上学，可年龄太小，学校不能接受。由于他聪明伶俐，桂林市民主小学接受他为名誉学生。

从小李刚就喜欢数学，他对数学很有天赋。4 岁开始学习数学，每天学 4 个小时，只用一个月的时间便学会了四则运算。小李刚做题时，常常用心算。像一位数乘多位数，多位数的加减，他心算得又快又准。5 岁时，他能心算三位数乘以三位数。6 岁 5 个月的时候，桂林市民主路小学举行了一次心算比赛，题目是二位数乘以二位数的 10 道题。参加比赛的共 16 人，除李刚外，其余的全是三到五年级中数学成绩较好的学生。其中有 8 人用心算，另外 8 人用电子计算器算。结果心算的 8 人中只有李刚全算对了，他只用了一分半钟，比电子计算器还快。李刚荣获第一名。

李刚超人的心算能力得到专家的好评。他曾应邀参加许多场心算比赛，有时还表演给外宾看。*1980 年 10 月，6 岁的小李刚被特邀参加*在杭州举办的全国珠算技术邀请赛，在会上作了心算表演，因其心算速度快，准确率高，而荣获心算优胜奖。

68. 八岁的女孩获专利权

1986 年 12 月 12 日，《人民日报》刊登了新华社的通稿："……浙江省东阳县吴宁镇第一小学三年级女生吴超……因设计、发明出一种'方便蚊香灰盘'……成为我国目前年龄最小的专利人。"

这一年，吴超还不足 *10 岁*。

吴超出生在一个普通干部的家庭，她从小喜欢观察，爱动脑筋。妈妈是一位中学的物理教师，特别注重对学生发明创造能力的培养。学生们常拿一些自己发明的小东西来向妈妈请教。妈妈给这些哥哥、姐姐做着评论，有时批评，有时鼓励。小吴超好奇地听着、想着，心里又总有点不服气：小发明还不简单，不就是把不方便的东西改得方便点儿吗？

这"不方便"还真让她遇上了。

他们一家三口住在一所简陋的老房子里。夏天的夜里，一架架"敌机"来骚扰是不可避免的事，只好点燃蚊香来抵挡蚊子的轮番进攻。可是，早晨蚊香灰白乎乎地落了一地，很难扫得不留痕迹。

吴超想，要是搞个小发明，让蚊香灰别落在地上就好了。小吴超想到就干，可是，真干起来就难了，一连几个星期，她也没有想出好办法，来把这个"不方便"变成"方便"。小吴超不灰心，不丧气，只是她多了一句口头禅："让我好好想一想！"

她经常像聪明的一休一样敲着小脑袋想问题。有一天，吴超在邻居家看到一只烟灰缸，只要按一下按钮，烟灰就"噗"的一下掉进缸里，妙极了。吴超眼睛一亮，心想：有了！

可是，看起来容易做起来难。几经周折，都失败了，吴超没有罢休。

剪刀、胶水、圆规、尺子、纸片成了她不离手的"玩具"。正方形，长方形，弧形，剪碎一个世界，又形成一个新世界。足足一个多星期，"方便蚊香灰盘"终于制作出来了。

吴超成了中国最小的专利权人。1989 年 10 月她还荣膺首届全国"十佳少先队员"称号。

69. 小歌星歌声动母情

8 岁的孙佳星步入歌坛，成为我国录制个人歌曲专集磁带最小的歌星，也是第一个在电视台举办个人演唱会的儿童歌手。

孙佳星的母亲是一位音乐工作者。孙佳星 4 岁开始学小提琴。她很有音乐天赋，连教她的老师都感到吃惊。

妈妈对她要求很严，希望也高。但她不知道，女儿最喜欢的是唱歌，有一次电视播独唱音乐会，小佳星听得入了迷，练琴的时间到了，妈妈怎么也叫不动，最终生气打了她。在妈妈的眼里，小提琴演奏家和歌手是有天壤之别的。

妈妈不准她唱歌，她只好不唱，但她爱唱歌的心却在生长。1985 年妈妈住院，把孙佳星托给剧团的人照看，小佳星自由了。剧团排节目，她跟着唱，在家里一个人唱啊唱啊，直到十一二点钟。在剧团里有乐队伴奏，她唱得更起劲了。

妈妈要动手术了，小佳星突发奇想，要把自己最好的歌曲录下来去安慰妈妈。病床前小佳星按下了"play"键，歌声吸引了病房中所有的人，护士、大夫和其他病人。妈妈激动得流了泪。大家都夸这孩子唱得好，有人还把这盘磁带拿回去转录。

不久，北京电视台一位导演和词作家来到小佳星家，说是他们听了那盘磁带，发现了一个歌星，要邀请孙佳星参加春节联欢晚会。

妈妈终于同意了。春节联欢会上，小佳星的《聪明的一休》和《月亮弯弯》使万人倾倒。以后，小佳星受各大音像公司邀请，录制三十多盒磁带。《孙佳星影视歌曲专辑》第一辑销售量竟突破 100 万盒。以后，她又获各种大奖，成为年龄最小的歌星。

70."发现"了公式

汤志浩 1976 年出生。5 岁的时候就哭哭啼啼地要去上学，父母拗不过他，便送他进了校门。

小志浩聪颖过人，成绩一直居班级的第一名。他的学习方法极为特别，上课时从不记笔记，而是集中精力听讲。他认为上课不听课的人是最大的傻瓜。他学习的关键是弄清原理，并不在乎做多少题，同样类型的题做一道就够了。

上五年级时，他"发现"了一个公式。他就试着写了一篇论文，寄到中国科技大学。一位教授看了，大吃一惊，虽然这个公式是被别人证明过的，可目前一般教科书上已不介绍。一个五年级的小学生，竟能探讨如此高深的问题，很不简单。

1992 年 7 月，国际化学奥林匹克大赛在美国匹兹堡举行，来自 33 个国家的 132 名选手角逐本届化奥赛的 16 块金牌。中国参赛队员汤志浩夺得了一枚金牌，为中国队获得团体总分第一立下了汗马功劳。

汤志浩载誉归来，被保送进中国科学技术大学。

71. 神奇的小棋手

"我要学围棋，我要跟邱伯伯学围棋！"5岁的常昊缠着妈妈，一个劲地嚷着。

"邱伯伯"就是邱百瑞，是一位执教二十多年的围棋教练，他曾培育了一大批棋坛国手。这次他应上海电视台"体育大看台"节目邀请举办围棋讲座。讲座没有结束，便引来了小常昊。到底收不收这个徒弟呢？邱教练决定先试试小常昊。

他没有让小常昊跟其他的队员对弈，而是让小常昊先看别人下棋。看了一天，又看了一天，这个5岁的孩子两眼盯着棋盘，是那么专注、凝神。邱教练知道：一个5岁的孩子，一动不动地观棋两天，这正是一个优秀棋手应具备的品质。于是，他收下了小常昊。

小常昊从此进行了严格的围棋训练，常昊一点也不觉得苦，因为他对围棋有强烈的兴趣，这兴趣又让他对围棋着迷。他的棋艺与日俱增，训练两个月，他就赶上了比他早进班八个多月的队员。

常昊也许是个"天才神童"。华东师大心理系的老师曾对他进行智商测验，测得的结果是138。奇！太奇了。因为一般的儿童智商在100到110之间。同时小常昊在对数字的记忆和排列上，也表现出超人的能力。比如你说625763，他马上能把这个数字倒过来背出。

在扬州要举行围棋国手赛，小常昊要去长长见识，妈妈请假带他去了。他有幸和"棋圣"聂卫平对弈一局，战后棋圣称赞他"真是个将才"。聂卫平又把小常昊介绍给日本的"棋圣"藤泽秀行，藤泽让

四子和小常昊对弈一局，藤泽屡出怪招，可小常昊沉着应战，大胆出击，中盘时竟赢了藤泽。

1988 年，在杭州举行的中华棋童"友谊杯"围棋决赛中，常昊得了冠军，这已是他第五次在全国围棋竞赛中获得冠军了！记者围着小常昊问："你长大以后的志向是什么？"

小常昊想了想说："我想好好下棋，打败全世界。"话说得多么自信。

72. 聪明的果果

果果，是个聪明的小女孩。两岁时，她就能用普通话背诵《白雪公主》。这么长的故事，她竟然一字不差，而且还能把不同的人物用不同的语气来表述。

从小父母就教果果背诵唐诗，使小小的果果能出口成诗。果果的母亲以前唱过歌，在家没事时，她就教果果唱歌：《熊猫咪咪》、《采蘑菇的小姑娘》、《十五的月亮》等等。小果果记忆力超人，大人教过一两遍后，她就能唱出来。

6 岁多一点时，父母送她到四川音乐学院一位钢琴教授林老师家中学琴。别的孩子每天练两三个小时才能会的课，果果只练半个小时就让老师满意。

果果 9 岁那年，四川省首届少儿卡拉 OK 电视大奖赛举行。全省十几万少年歌手参赛，果果选入 12 名决赛歌手。她登台演唱的《好爸爸坏爸爸》、《我是一条小青龙》获得了大赛的二等奖。

果果不但歌唱得好，琴弹得好，在班里她的学习成绩也非常好。1994 年 2 月，她又获得了《少年文艺》全国少年风采大赛全才金座奖。去上海领奖的那天，是 *1994* 年 *2* 月 *15* 日，正巧是果果 *11* 岁的生日。领奖时，著名儿童文学作家任大霖为果果颁发奖状。任爷爷对果果说："要永远把成绩作为新的起点，我们的脚下应该永远只有起跑线而没有终点。"

73. 考"托福"的小状元

徐敏的父亲本来想让女儿学习弹钢琴，可徐敏却喜欢上了英语。小徐敏对英语有着一种特殊的天赋。外公常领她上街，她的一双眼睛不是盯在玻璃柜里的糖果上，而是常常停留在有英文字母的店名招牌上，看过的招牌她往往过目不忘。

父亲见徐敏喜欢英语，就尽量地向这方面去引导她，给她买了大量的英语录音带，平时教给她听。*5* 岁时，小徐敏就能用英语进行对话了。

7 岁那年，徐敏上小学一年级。同时她也和父亲一同上业余英语进修班，读的是《新概念英语》第一册，他们父女同在一个教室里学英语，成了当时的新闻。

小徐敏对自己要求非常严格，读业余英语进修班时，不论是刮风还是下雨下雪，她从来就没有迟到过，她成了班上惟一的一个"全勤"生。

上五年级时，小徐敏的英语水平已经很高了。到底自己的水平是个什么程度？徐敏决定参加美国普林斯顿大学举办的全球性托福考试。*1990* 年 *1* 月 *13* 日，*11* 岁的徐敏臂佩大队长的标志，走进了考场，人们都不相信：这么小的孩子也是参加托福考试的。

3 月 *12* 日，一封从美国寄来的考分通知书送到小徐敏手里。小徐

敏打开一看，成绩单上赫然印着"653"分。哇！这么高的分数，竟然是一位小学生取得的。人们知道这个消息后，都称小徐敏是"托福状元"。

74."我家有个小弟弟"

我家有个小弟弟，

长得聪明又伶俐，

就是有个小缺点

——流鼻涕。

这首儿童喜爱的诗，是一个3岁的小孩子写的。他叫汪洋。1978年出生在河南省洛阳市。爸爸做文书工作，妈妈在市戏曲艺术学校教语文。汪洋刚会说话时，爸妈就读文章给他听，还教他念儿歌，背古诗。

聪明的小汪洋上小学时，就懂得很多了。当时学校里有个"小百花文学社"，要求三年级以上的学生参加，由于汪洋诗写得好，虽然他只上二年级，文学社还是破格录取他，并发给他小记者证。

自从加入了文学社，小汪洋创作的热情更高了。1985年国庆节，汪洋去武汉三姨家。武汉位临长江，江面烟波浩淼，船只来来往往，这壮阔的场面使小汪洋深有感触。回家后他写了《我在长江放小船》这篇散文，洛阳电台播出后被评为一等奖。

1986年，国内出了几个小诗人，像田晓菲、任寰、刘梦琳，他们都出了诗集。汪洋也决心学他们，争取10岁前出个诗集。

于是，小汪洋写了大量的诗，并且不断地在《金色少年》杂志上发表出来。1987年他写了94首，其中《小青蛙》等6首诗被选入

《中国小诗人选》一书。

终于，他的第一本诗集《为男孩争气》，在他不满 10 岁的时候出版。

75. 八岁的夜大生

1986 年 5 月，上海外国语学院夜大班招生，来报名的人很多。当中竟有一名身高只有 1.28 米的小孩，这小孩叫杨德毅，年仅 8 岁，在曲阳新村第二小学读书。

负责招考的老师见一个小学生要报夜大，边笑边摇头，因为学院从历史上就没有接纳过 8 岁的大学生。

小德毅见招考的老师连报名都不让，就急得哭了起来。哭声换来了同情，老师就让他用英语说几句话。小德毅抹了抹眼泪，流利地说了几句英语，出色的英语水平得到了老师的赏识，上海外语学院破例同意他报名参加考试。考场上，8 岁的小德毅同几百名成人进行着英语竞赛。发榜时，小德毅竟名列前茅！

这样，杨德毅成了我国第一个年龄最小的夜大生。

小德毅学习英语，是从 5 岁开始的，开始是父亲教他单词，他很感兴趣，上小学前，他就掌握了几百个英语单词；上学后，小德毅仍坚持利用课余时间学习英语。平时学校的课程重，他总是把老师布置的作业尽量提前完成，剩下的时间里，他就一头扎进英语词汇的海洋里。1985 年的暑假，他每天自学英语不下 5 个小时。这样，小德毅借助国际音标进行自学，用了 3 年的课余时间就学完了小学和中学的 8 册英语教材，还读完了上海外语学院大学视听教材《走向生活》的前 13 课内容。

1985 年的"六一"节，一批美国的在华留学生，到杨德毅所在的小学与儿童联欢。学校派出的翻译就是二年级的学生——年仅 7 岁的小德毅。一位名叫路易斯的美国客人和小德毅用英语交谈了几分钟后，惊喜地叫道："真神！在中国我遇到了小同乡。"

76. 少儿当行长

管钱是大人的专利，当银行行长更是大人的特权了。然而南京市却出了一位为人称道的少儿银行行长。她就是丹凤街小学四年级学生周菲，一个稚气未脱的小姑娘。

别看这位小行长还不到 10 岁，却是经过严格考察，公平竞争才被任命的。

南京团市委这次选拔少儿银行行长，一共有 20 名候选人，每个人过两道考核关。

先是实际操作：收款、点钞、记账、复核，周菲不慌乱，不拘束，有条不紊，几十笔业务，笔笔清楚。

再是理论知识：这需要当众答辩，然而周菲对答如流。

"办少儿银行有什么意义？"

"一是节约零花钱，支援国家经济建设；二是培养同学勤俭节约的好习惯，增长金融意识，从小学创业，长大建设祖国。"

"你准备怎样选拔、培训小职员？"

"竞争上岗，先培训后用，边干边提高。"

思路清楚，观点明确，口齿伶俐。

周菲在 20 名候选人中脱颖而出。团市委、市建行领导把写着"建设银行南京分行少儿银行理事长"的大红绶带披上了周菲的肩头。她

在就职宣誓仪式上说："我一定要认真履行职责，团结同仁，勤恳服务，扩大业务，办好银行……"俨然是一个老练的金融家了。

周菲上任，正逢南京长江大桥高架桥工程开工。火热的劳动场面感动了她。她想了一个巧妙的主意，算了一笔账：每人拿一元钱，全市43万少年就是43万元。每人10元就是430万……

一个多么巨大的数字呀！

周菲将自己的想法提交市少儿银行理事会，得到了一致赞同。这位行长走进了电视屏幕。南京电视台连续一周在黄金时间播放她的演说，市建行还专门为此发行了"金陵小主人"有奖债券。

"小主人"感动了"大主人"，"大主人"支持"小主人"。短短十几天，竟然集资2300万元，其中"小主人"集资就达20万元之多。美国国际有限公司董事长库伯克连连称赞："中国孩子能办这么大的事，不可思议！"

这位小行长1993年荣获第三届十佳少年称号。

77．两色算盘

被称为"小小发明家"的赵宇，是辽宁省锦州市劳保小学三年级的学生。

一天，上珠算课，老师用算盘教具演算。赵宇的视力不好，怎么也看不清算珠的移动变化。心里很着急。

有一天，他看到一位女同学穿了一件很鲜艳的衣服，等这位同学一转身，却变成另一种颜色，真奇怪！原来这位同学的衣服是前后两种颜色，对比很鲜明。

善于动脑筋的赵宇受到启发：如果用两色的算珠——运算拨动的

和静止不动的形成两色对比，不就容易看清了吗？他回家就动手做实验，把算珠涂成两色，背面是红色，运算时把算珠转过来，就变成红色，很容易看清楚。但是，教具算盘的串杆是带毛的，很紧，转动不容易。

他想了很久，也没找到一个更省事的办法，一天早晨，吃的是麻花，他吃着吃着，恍然大悟："爸爸，我有办法了。"

他说出自己的想法，把盘杆做成麻花的扭曲形状，算珠的孔也不再是圆的，算珠能随着拨动时，自动转身变色，多么巧妙的主意呀！

在父亲的支持帮助下，赵宇的"双色演示算盘"成功了。这项发明获 1992 年"茅以升青少年科技奖"和第六届全国青少年发明创造比赛和科学讨论会一等奖。并申报了国家专利。

这一年，赵宇只有 9 岁。

78. 小书法家

1991 年，8 岁的小姑娘陈俊，已先后在国内外书法大赛中获奖 82 次，有 20 多幅作品在美国、日本等国展出，她被世界 12 个书法学会和团体吸收为会员，这样的成绩，连书法界的许多成人都是可望而不可及的。人们都称陈俊是"神童"、"小书法家"。

其实，除俊成为一名"小书法家"，是与她的爱好及勤奋分不开的。陈俊 1983 年出生在湖南省长沙市西区一个普通的工人家庭里。从小她就喜欢写写画画，而且只要一拿起笔和纸，她就显得特别快活。父母见聪明的孩子那么喜欢纸和笔，就教她写字，没想到小陈俊写字进步很快，几天就写得不错了。

3 岁那年，父母就领她到当地有名的书法家阳盛全家里，想拜阳先生为师。阳老师虽收了很多的学生，可从来没有收一个 *3* 岁的孩子作"弟子"的。阳老师犹豫了。

小陈俊见阳老师为难，就走上前说："老师，您收下我吧！我能行。"

阳老师破例收下这个 *3* 岁的学生。阳老师教学生练书法是很严的，他要求学生每天练字不少于 *2* 个小时，练足 *200* 字。可对小陈俊却放宽了"政策"：每天练字 *1* 小时，写字 *100* 个。

可小陈俊却给自己规定了任务：每天悬腕练字 *3* 小时，要 *500* 字。这是个非常大的工作量，小陈俊紧握毛笔，蘸着清水，在水泥地上不停地写。一写就是 *3* 个小时，腕子练酸了，身上的衣服都被汗湿透，可完成不了任务，她坚决不休息。爸妈看着心疼，有时劝她歇一会儿，可她仍然坚持练完。

她写呀，写，在一年的时间里，她写掉的大字本和废纸达 *300* 公斤，用掉的墨汁多达 *50* 多公斤。阳老师看了，从心底钦佩这个学生，认为这个孩子，将来大有造化。

1984 年 *4* 月，*5* 岁的小陈俊第一次参加国际龙年书法大赛，就得到一个佳作奖。*1989* 年 *8* 月她在 *8* 个国家数万件作品参赛的"国际于右任杯"书法大赛中获得一等奖。

小陈俊依靠自己的勤奋成功了，她的书法得到了世人的认可。*1991* 年 *10* 月，陈俊被评为第二届全国"十佳少先队员"。

79. 神奇的女婴

济南市，是一个美丽的泉城。在历史上曾出现过很多的神童，像李清照等。*1988* 年 *2* 月 *24* 日，刚出生 *8* 天的蒋世瑾，对着母亲深情地喊了声："妈妈。"

蒋世瑾真是个"神奇"的女婴，满月时她就会叫爸爸、妈妈、奶奶、姑姑，还会数 1、2、3、4、5。一个月过去了，两个月过去了，小世瑾显得更聪明伶俐。百日内她认识了"鼻"、"耳"、"脸"、"口"等 10 多个字；她还会进行一些数字计算：1+2=3、2-1=1、2+3=5；到她 9 个月的时候，她又爱听英语歌曲，随着歌曲的节拍还跳起舞来，并且还会说 Good bye，How are you? Thank you 等几句简单的英语。

人们都说小世瑾是个神童，可世瑾的父母却不这么认为。蒋世瑾的父亲蒋焕如是师范大学的毕业生，母亲李进花是中等专业学校的老师。在怀孕期间，李进花读一些优美的文章来陶冶自己，同时也给腹中的孩子听。每天早上起床，她拍拍肚子，说："世瑾快起床吧，可不能做个懒孩子!"中午、晚间听音乐，她把录音机放在肚子上，让孩子和自己一起听。

蒋焕如下班回家，对着妻子隆起的肚子说："世瑾，爸爸回来了，吃过饭，爸爸领你和妈妈散步去。"吃过饭，他们到外面散步，他们把见到的景物讲给腹中的孩子听。他们天天坚持，一直到孩子出生。

80. 有趣的心理测验

一位心理学家想知道人的心态对行为到底会产生什么样的影响，于是他做了一个实验。首先，他让 10 个人穿过一间黑暗的房子，在他的引导下，这 10 个人都成功地穿了过去。然后，心理学家打开房内的一盏灯。在昏黄的灯光下，这些人看清了房子内的一切，都惊出一身冷汗。这间房子的地面是一个大水池，水池里有十几条大鳄鱼，水池上方搭着一座狭窄的小木桥，刚才他们就是从小木桥上走过去的。

心理学家问："现在，你们当中还有谁愿意再次穿过这间房子呢？"没有人回答。过了很久，有 3 个胆大的站了出来。

其中一个小心翼翼地走了过去，速度比第一次慢了许多；另外一个颤巍巍地踏上小木桥，走到一半时，竟趴在小木桥上爬了过去；第三个刚走几步就趴了下去，再也不敢向前移动半步。

心理学家又打开房内的另外 9 盏灯，灯光把房里照得如同白昼。这时，人们看见小木桥下方装有一张安全网，只是由于网线颜色极浅，他们刚才根本没有看见。

"现在，谁愿意通过这座小木桥呢？"心理学家问道。这次有 5 个人站了出来。

"你们为何不愿意呢？"心理学家问剩下的两个人。

"这张安全网牢固吗？"这两个人异口同声地反问。

很多时候，成功就像通过一座小木桥，失败的原因往往不是能力低下、力量薄弱，而是面对困难失去了积极的心态，乱了方寸，慌了手脚，表现出各种程度的胆怯，还没有上场，就败下阵来。

事实上，山不转，路转；路不转，人转。《圣经》上说："上帝关了这扇窗，必会为你开启另一道门。"消极者会说："我只有看见了才会相信。"而积极者会说："只要我相信，我就会看见。"积极者采取行动，消极者静止不动。同样的半杯水，消极者说它只有一半，积极者说它已经有一半了。因为，积极者往杯里倒水，消极者从杯里取水。

生活就像一场竞赛，我们无法改变它的规则，但我们可以选择以何种心态去对待这场竞赛。

81. 绝不甘心失败

希拉斯·菲尔德先生退休的时候已经积攒了一大笔钱，然而他突发奇想，想在大西洋的海底铺设一条连接欧洲和美国的电缆。随后，他就开始全身心地投入这项事业。前期基础性的工作包括建造 1 条 1000 英里长、从纽约到纽芬兰圣约翰的电报线路。纽芬兰 400 英里长的电报线路要从人迹罕至的森林中穿过，所以，要完成这项工作不仅包括建一条电报线路，还包括建同样长的一条公路。此外，还包括穿越布雷顿角全岛共 440 英里长的线路，再加上铺设跨越圣劳伦斯海峡的电缆，整个工程十分浩大。

菲尔德使尽浑身解数，总算从英国政府那里得到了资助。然而，他的方案在议会上遭到了强烈的反对，在上院仅以一票的优势获得多数通过。随后，菲尔德的铺设工作就开始了。电缆一头搁在停泊于塞巴斯托波尔港的英国旗舰"阿伽门农"号上，另一头放在美国海军新造的豪华护卫舰"尼亚加拉"号上。不过，就在电缆铺设到 5 英里的时候，它突然被卷到机器里面，被弄断了。

菲尔德不甘心，进行了第二次试验。在这次试验中，铺到 200 英里长的时候，电流突然中断了，船上的人们在甲板上焦急地踱来踱去。就在菲尔德先生即将命令割断电缆，放弃这次试验时，电流突然又神奇地出现，一如它神奇地消失一样。夜间，船以每小时 4 英里的速度缓缓航行，电缆的铺设也以每小时 4 英里的速度进行。这时，轮船突然发生了一次严重倾斜，制动器紧急制动，不巧又割断了电缆。

但菲尔德并不是一个容易放弃的人。他又订购了 700 英里的电缆，而且还聘请了一个专家，请他设计一台更好的机器，以完成这么长的

铺设任务。后来，英美两国的科学家联手把机器赶制出来。最终，两艘军舰在大西洋上会合了，电缆也接上了头；随后，两艘船继续航行，一艘驶向爱尔兰，另一艘驶向纽芬兰，结果它们都把电线用完了。两船分开不到 *3* 英里，电缆又断开了；再次接上后，两船继续航行，到了相隔 *8* 英里的时候，电流又没有了。电缆第三次接上后，铺了 *200* 英里，在距离"阿伽门农"号 *20* 英尺处又断开了，两艘船最后不得不返回爱尔兰海岸。

参与此事的很多人都泄了气，公众舆论也对此流露出怀疑的态度，投资者也对这一项目没有了信心，不愿再投资。这时候，如果不是菲尔德先生，如果不是他百折不挠的精神和不是他天才的说服力，这一项目很可能就此放弃了。菲尔德继续为此日夜操劳，甚至到了废寝忘食的地步，他绝不甘心失败。

于是，第三次尝试又开始了，这次总算一切顺利，全部电缆铺设完毕，且没有任何中断，几条消息也通过这条漫长的海底电缆发送了出去，一切似乎就要大功告成了，但突然电流又中断了。

这时候，除了菲尔德和他的一两个朋友外，几乎没有人不感到绝望。但菲尔德仍然坚持不懈地努力，他最终又找到了投资人，开始了新的尝试。他们买来了质量更好的电缆，这次执行铺设任务的是"大东方"号，它缓缓驶向大洋，一路把电缆铺设下去。一切都很顺利，但最后在铺设横跨纽芬兰 *600* 英里电缆线路时，电缆突然又折断了，掉入了海底。他们打捞了几次，都没有成功。于是，这项工作就耽搁了下来，而且一搁就是 *1* 年。

所有这一切困难都没有吓倒菲尔德。他又组建了一个新的公司，继续从事这项工作，而且制造出了一种性能远优于普通电缆的新型电缆。*1866* 年 *7* 月 *13* 日，新的试验又开始了，并顺利接通、发出了第一份横跨大西洋的电报！电报内容是："*7* 月 *27* 日。我们晚上九点到达

目的地，一切顺利。感谢上帝！电缆都铺好了，运行完全正常。希拉斯·菲尔德。"不久以后，原先那条落入海底的电缆被打捞上来了，重新接上，一直连到纽芬兰。现在，这两条电缆线路仍然在使用，而且再用几十年也不成问题。

天下事最难的不过十分之一，能做成的有十分之九。要想克服困难获得成功的人，尤其要有恒心来成就它，要以坚忍不拔的毅力、百折不挠的精神，排除纷繁复杂的耐性，坚贞不屈的品质，作为涵养恒心的要素。

一个人之所以成功，不是上天赐给的，而是日积月累自我塑造的，千万不能存有侥幸心理。幸运、成功永远只会属于辛劳的人、有恒心不轻言放弃的人、能坚持到底的人。

"冰冻三尺，非一日之寒。"从这个自然现象中就能体现出恒心来，一日曝之，十日寒之；一日而作，十日所辍，成功的概率几乎等于零。

俗话说得好：滚石不生苔，坚持不懈的乌龟能快过灵巧敏捷的野兔。如果能每天学习 1 小时，并坚持 20 年，所学到的东西，一定远比坐在教室里接受四年高等教育所学到的多。正如布尔沃所说的："恒心与忍耐力是征服者的灵魂，它是人类反抗命运、个人反抗世界、灵魂反抗物质的最有力支持，它也是福音书的精髓。从社会的角度看，考虑到它对种族问题和社会制度的影响，其重要性无论怎样强调也不为过。"

82．林中之王

森林里有 3 只凶猛的老虎，一天，由林中动物选出的代表猴子召集大家在一起开会，它要求大家做出一项决定："我们知道老虎是百兽之王，但是我们森林里有3只老虎，3只老虎都非常凶猛。我们应该服从哪只老虎，拜谁为王呢？"

这3只老虎知道动物在开会，于是它们也在一起商议："其他动物难以裁决是有道理的，因为这里不能同时有三个林中之王。我们3个也不想拼个你死我活，因为我们是朋友，我们该怎么办呢？"

动物们在激烈讨论之后做出决定并通知这3只老虎："我们找到了一个非常简单的办法，那就是你们3个比赛爬一座高山，第一个登上山顶者为王。"

全体动物都观看这场爬山比赛。第一只老虎往上爬到一半就下山了；第二只老虎往上爬，爬到一半也下山了。第三只老虎拼命爬，但是山实在太高了，尽管它用尽全力，也没能登上山顶，于是，动物们一筹莫展了，议论纷纷，到底该选哪只老虎当王呢？这时一只经验丰富的老鹰说："我知道该拜谁为王。"顿时，山上鸦雀无声，大家安静下来，用期待的眼光看着老鹰。

老鹰说："老虎爬山时，我在天上飞翔，听到了它们与大山的对话。第一只老虎说：'大山，你赢了。'第二只老虎也说：'大山，你赢了。'只有第3只老虎说：'大山，你现在暂时赢了，但是你已经不能再长高了，而我还要继续成长，等过一段时间，我一定会征服你的。'"

老鹰最后说："3只老虎的区别在于第3只老虎有王者之风，因为它在失败时不灰心丧气，困难虽大，但它的精神远在困难之上，只有它配称王，只有它配做百兽之王。"最后在动物们的欢呼声中，第3只老虎被拜为林中之王。

有人这样说，每个人命运天平上，一边放上名利、权位、成功等，而在另一边则放上相同重量的代价。同样，人的一生顺境和逆境的数

量、重量也是大体相等的。这也正如同白昼轮转，形影相随一样，它们是无法分开的。

83. 坚持梦想

在美国，有一位穷困潦倒的年轻人，即使在身上全部的钱加起来都不够买一件像样的西服的时候，仍然全心全意地坚持着自己心中的梦想，他想做演员，拍电影，当明星。他告诉自己："假如我没有找到一份有关演艺事业的工作，我拒绝去打任何一份临时的工作来养活我自己。我拒绝！"

当时，好莱坞共有五百家电影公司，他逐一数过，并且不止一遍。后来，他又根据自己认真规划的路线与排列好的名单顺序，带着自己写好的量身订做的剧本前去拜访。但第一遍下来，所有的五百家电影公司没有一家愿意聘用他。

面对百分之百的拒绝，这位年轻人没有灰心，从最后一家被拒绝的电影公司出来之后，他又从第一家开始，继续他的第二轮拜访与自我推荐。

在第二轮的拜访中，五百家电影公司依然全部拒绝了他。

第三轮拜访的结果仍与第二轮相同。这位年轻人咬牙开始他的第四轮拜访，当拜访完第三百四十九家后，第三百五十家电影公司的老板破天荒答应愿意让他留下剧本先看一看。几天后，年轻人获得通知，请他前去详谈。

就在这次商谈中，这家公司决定投资开拍这部电影，并请这位年轻人担任剧本的男主角。

这部电影名叫《洛奇》。这位年轻人的名字就叫席维斯·史泰龙。

现在翻开电影史，这部叫《洛奇》的电影与这个日后红遍全世界的巨星皆榜上有名。现实生活中，没有人不追求和向往美好。但老天好像就是要与人作对，总是在人生的道路上布满坎坷，总是不让人一帆风顺，各种各样的挫折总是在人不经意间横亘道上。

天无绝人之路。生活丢给我们一个难题，同时也会给我们解决问题的能力。

史泰龙能够成功，是因为他坚信人生没有过不去的坎，坚信冬天之后有春天。他在困难面前没有低头，没有被挫折吓倒，而是另辟蹊径，终于迎来了属于自己的成功。

许多人认为坚持是一件很难做到的事情。其实，只要对自己说一句：没有过不去的坎，马上就好了，我完全可以坚持。

我们要经常在难以忍受的时候，提醒自己要学会坚持。军训时，提醒自己：忍一忍，马上就好了。学网球四肢酸痛时，对自己说：不要怕苦，忍一忍就好了。

多少人因为没有忍受而失去良机，多少人因为没有忍受而造成失败。

坚持，是很重要的，不会坚持，不会忍耐，就没有成功的人生。